ENTRAÎNEZ-VOUS

COMMERCE/AFFAIRES

NIVEAU INTERMÉDIAIRE

GISÈLE POU
MICHÈLE SANCHEZ

75006 Paris

AVANT-PROPOS

Ce livret d'activités s'adresse à des étudiants de niveau intermédiaire en français, qui abordent la langue des affaires pour compléter une formation générale ou pour répondre à des besoins professionnels (dans le cadre d'une formation continue par exemple).

L'acquisition des informations sur la vie des affaires se fait au moyen d'activités multiples et variées, visant quatre types de compétences : lexicales, grammaticales, communicative écrite et orale. Ce programme doit également permettre à l'étudiant de répondre aux situations rencontrées dans les examens tels que **le certificat pratique de français commercial et économique de la C.C.I.P. et le diplôme d'études françaises en langue économique et commerciale de l'Alliance Française.**

STRUCTURE DU LIVRET

Ce livret se découpe en neuf unités. À travers l'aventure de la création d'entreprise par un personnage fictif, M. Follet, nous abordons dans chaque unité les situations rencontrées par tout entrepreneur.

ACTIVITÉS LEXICALES

Elles débutent par un "pêle-mêle" qui permet à chacun une approche en liberté d'un champ lexical connu ou inconnu et peut susciter dans le cadre d'une classe un premier échange.

Pour tenir compte d'un public hétérogène qui constitue très souvent ce type de classe, les exercices sont de difficultés différentes et visent à découvrir, comprendre et mémoriser des informations qui, autrement, pourraient être trop techniques, théoriques ou complexes.

ACTIVITÉS GRAMMATICALES

Les étudiants retrouveront ici comme en écho, ce même vocabulaire spécifique à réutiliser dans un cadre structurel morpho-syntaxique précis.

Ainsi par un jeu d'exercices qui se répondent, s'entrecroisent et se complètent, l'étudiant se familiarise avec un vocabulaire, des structures et des connaissances qu'il va pouvoir immédiatement manipuler, utiliser et vérifier dans les activités de communication écrite et de communication orale.

COMMUNICATION ÉCRITE

Il s'agit ici de présenter, d'analyser, de rédiger divers documents propres à la vie interne de l'entreprise et à ses rapports avec l'extérieur (clients, fournisseurs).

COMMUNICATION ORALE

Jeux de rôles, canevas authentiques de situations d'entreprise ou discussions sur des points particuliers sont proposés à l'étudiant pour amener une réflexion et une sensibilisation.

Un guide l'aide à analyser les problèmes posés ou à déterminer lui-même les questions qui précèdent la prise de décision.

L'analyse et la réflexion suscitées par le guide, s'ajoutant aux connaissances lexicales et grammaticales acquises précédemment donnent à l'apprenant les moyens de s'exprimer clairement et précisément dans des situations calquées sur des situations professionnelles authentiques.

FAITES LE POINT

Chaque unité se termine par une page de détente qui est aussi une synthèse, une façon de vérifier ses connaissances de manière ludique.

Le souci qui a présidé à la création de ce livret pour en faire un outil d'utilisation simple, mais efficace, est double : répondre aux besoins de classes hétérogènes et éviter la monotonie grâce à un grand nombre d'exercices variés.

© CLE International, 1993. ISBN 2.19.033852.2

ACTIVITÉS LEXICALES	ACTIVITÉS GRAMMATICALES	COMMUNICATION ÉCRITE	COMMUNICATION ORALE	FAITES LE POINT

1 LA CRÉATION D'ENTREPRISE — P. 6 à 19

A	B	C	D	E
PÊLE-MÊLE	L'EXPRESSION DE LA CAUSE	LA CORRESPONDANCE : GÉNÉRALITÉS	FORMULER UN PROJET	LE JEU DES DÉFINITIONS
QUI CRÉE UNE ENTREPRISE ?	L'EXPRESSION DU TEMPS	LA CARTE DE VISITE	EXPRIMER UNE OBLIGATION	
LES FORMES JURIDIQUES DE L'ENTREPRISE	L'EXPRESSION DU BUT		DEMANDER UNE INFORMATION	
LES FONCTIONS ET LES ACTIVITÉS DE L'ENTREPRISE	COMME		COMPARER	
LES IMPÔTS DE L'ENTREPRISE	LES PRÉPOSITIONS		PRÉSENTER	

2 LA BANQUE ET L'ENTREPRISE — P. 20 à 33

A	B	C	D	E
PÊLE-MÊLE	LA CONDITION AVEC "SI"	LA CORRESPONDANCE AVEC LES BANQUES	EXPRIMER UNE CERTITUDE	VRAI OU FAUX ?
LE CRÉDIT	AUTRES FAÇONS D'EXPRIMER LA CONDITION	COMMENT REMPLIR UN FORMULAIRE	PROPOSER	
LES AUTRES SERVICES BANCAIRES	LA VOIX PASSIVE		DEMANDER UN AVIS	
LES MOYENS DE PAIEMENT	LA NÉGATION		EXPRIMER UNE POSSIBILITÉ	
LE FINANCEMENT DE L'ENTREPRISE	LES PRÉPOSITIONS		FAIRE PRÉCISER	

3 L'EMPLOI ET L'ENTREPRISE — P. 34 à 47

A	B	C	D	E
PÊLE-MÊLE	LES PRONOMS RELATIFS SIMPLES	LA LETTRE DE CANDIDATURE	PRENDRE UN RENDEZ-VOUS	LES PHRASES COUPÉES
LE RECRUTEMENT	LES PRONOMS RELATIFS COMPOSÉS	COMMENT RÉDIGER UNE ANNONCE	JUSTIFIER	
LE PROFIL DU CANDIDAT	LE STYLE DIRECT LE STYLE INDIRECT		EXPRIMER UNE VOLONTÉ	
LES CONDITIONS DE TRAVAIL	LES POSSESSIFS		RASSURER	
LES RAPPORTS SOCIAUX	LES PRÉPOSITIONS		EXPRIMER SON MÉCONTENTEMENT	

	A ACTIVITÉS LEXICALES	B ACTIVITÉS GRAMMATICALES	C COMMUNICATION ÉCRITE	D COMMUNICATION ORALE	E FAITES LE POINT
4 LA PUBLICITÉ ET L'ENTREPRISE P. 48 à 61	PÊLE-MÊLE	LES PRONOMS PERSONNELS COMPLÉMENTS	LA LETTRE CIRCULAIRE	EXPRIMER UNE NÉCESSITÉ	LES MOTS-CROISÉS
	PUBLICITÉ ET CONSOMMATION	"EN" ET "Y"	LE COUPON-RÉPONSE	DÉCRIRE	
	LA CAMPAGNE PUBLICITAIRE	PLACE DES PRONOMS		ARGUMENTER	
	LES MOYENS ET LES SUPPORTS	VERBES + à		INVITER	
	ACCROCHES SLOGANS FORMULES	LES PRÉPOSITIONS		SUGGÉRER	
5 LE SECRETARIAT ET L'ENTREPRISE P. 62 à 75	PÊLE-MÊLE	SUBJONCTIF : CONJUGAISON EMPLOI	LA LETTRE DE RENSEIGNEMENTS	LE CONTACT TÉLÉPHONIQUE	UNE ÉTUDE DE CAS
	LA JOURNÉE D'UNE SECRÉTAIRE	VERBES SUIVIS DU SUBJONCTIF	LE MESSAGE TÉLÉPHONIQUE	APPRÉCIER	
	L'INFORMATISATION	CONJONCTIONS SUIVIES DU SUBJONCTIF		DÉCOMMANDER	
	LES TÉLÉCOMS	LE SUBJONCTIF DANS LES RELATIVES		NUANCER	
	LES DOCUMENTS	LES PRÉPOSITIONS		S'EXCUSER	
6 LES SERVICES ET L'ENTREPRISE P. 76 à 89	PÊLE-MÊLE	LE GÉRONDIF	LA LETTRE DE COMMANDE	ACCUEILLIR	TEST
	LE RÉSEAU DE DISTRIBUTION	L'ADJECTIF VERBAL ET LE PARTICIPE PRÉSENT	LA DEMANDE DE COMMUNICATION TELEX	CONSEILLER	
	LA VENTE ET LES PRIX	L'EXPRESSION DE LA CONSÉQUENCE		SE PLAINDRE	
	LES ASSURANCES	LE FUTUR ANTÉRIEUR		EXPRIMER UNE HYPOTHÈSE	
	LA POSTE	LES PRÉPOSITIONS		EXPRIMER UN SOUHAIT	

	A ACTIVITÉS LEXICALES	B ACTIVITÉS GRAMMATICALES	C COMMUNICATION ÉCRITE	D COMMUNICATION ORALE	E FAITES LE POINT

7 LES SERVICES COMPTABLES ET L'ENTREPRISE
P. 90 à 103

A	B	C	D	E
PÊLE-MÊLE	L'ADJECTIF NUMÉRAL CARDINAL	LA DEMANDE DE PAIEMENT	EXPRIMER UNE OPINION	LE JEU DES ERREURS
NOTIONS GÉNÉRALES	LE CONDITIONNEL PRÉSENT	LES RÉGLEMENTS	EXPRIMER UN REGRET	
LE BILAN	AUTRES UTILISATIONS DU CONDITIONNEL		CONTESTER	
LES RÉMUNÉRATIONS	CONDITIONNEL PASSÉ		PROTESTER	
LES INVESTISSEMENTS	LES PRÉPOSITIONS		FAIRE DES CONCESSIONS	

8 LES TRANSPORTS. L'EXPORTATION ET L'ENTREPRISE
P. 104 à 117

A	B	C	D	E
PÊLE-MÊLE	TOUT	LE RETARD DE LIVRAISON	EXPRIMER UNE INTENTION	SIMULATION
LE TRANSPORT	QUELQUE	LA NOTE DE SERVICE	DONNER UN ORDRE	
LA DOUANE	LES INDICATEURS TEMPORELS		CONVAINCRE	
L'EXPORTATION	LA COMPARAISON		EXPRIMER L'INDIFFÉRENCE OU L'INTÉRÊT	
LES MOYENS DE PAIEMENT INTERNATIONAUX	LES PRÉPOSITIONS		REFUSER	

9 L'ENTREPRISE 5 ANS APRES
P. 118 à 131

A	B	C	D	E
PÊLE-MÊLE	L'IMPARFAIT ET LE PASSÉ COMPOSÉ	LA LETTRE DE RÉCLAMATION	METTRE EN GARDE	LE JEU DE L'OIE
LA FAILLITE	LE PLUS-QUE-PARFAIT	UNE ÉTUDE DE CAS	EXPRIMER UNE INQUIÉTUDE	
LA RÉUSSITE	L'EXPRESSION DE L'OPPOSITION, DE LA CONCESSION		ANNONCER	
LA BOURSE	CONJONCTIONS D'OPPOSITION + SUBJONCTIF		EXPRIMER L'ALTERNATIVE	
LES CLÉS DE LA RÉUSSITE	LES PRÉPOSITIONS		EXPRIMER SON APPROBATION	

CORRIGÉS   P. 132 à 144

5

LA CRÉATION DE L'ENTREPRISE

PÊLE-MÊLE

MONSIEUR FOLLET VEUT

RÉALISER UN VIEUX RÊVE :

"ÊTRE SON PROPRE PATRON". ■

IL A UNE IDÉE

(fabriquer un attaché-case

tout équipé,

pour hommes d'affaires

avec le stylo, l'agenda,

le téléphone,

la calculatrice intégrés). ■

IL DISPOSE D'UN CAPITAL

DE DÉPART,

IL EST DYNAMIQUE,

ALORS POURQUOI

NE PAS CRÉER UNE ENTREPRISE ? ■

✔ POUR RÉALISER UN RÊVE
✔ POUR ÊTRE SON PROPRE PATRON
✔ POUR ÊTRE INDÉPENDANT

✔ POUR SE METTRE À SON COMPTE
✔ POUR AVOIR UNE MEILLEURE POSITION SOCIALE
✔ POUR SAISIR UN MARCHÉ

✔ POUR PROFITER DE LA CONJONCTURE ÉCONOMIQUE
✔ POUR GAGNER DE L'ARGENT

✔ POUR UTILISER UN SAVOIR-FAIRE
✔ POUR UTILISER LES COMPÉTENCES

✔ POUR METTRE À PROFIT UNE EXPÉRIENCE
✔ POUR CRÉER DES EMPLOIS

1
2
3
4
5
6
7
8
9

- POUR EXPRIMER SON GOÛT DU RISQUE
- POUR DÉMONTRER SON SENS DE L'INNOVATION
- POUR DEVENIR P-DG

L'ENTREPRISE ET LE DROIT

Un chômeur a droit à une aide de l'état, proportionnelle à la durée de l'activité antérieure, en cas de création d'entreprise. Cette aide est majorée s'il embauche des salariés.

IL FAUT

- DÉFINIR UN PROJET
- ÉTABLIR UN PLAN
- TROUVER UN CRÉNEAU
- CIBLER UNE CLIENTÈLE

- PRENDRE CONSEIL
- CHOISIR SES PARTENAIRES
- FAIRE PUBLIER LES STATUTS
- ACCOMPLIR DES FORMALITÉS

- PRÉCISER SON OBJECTIF
- ANALYSER LE MARCHÉ
- CHOISIR LA FORME JURIDIQUE
- ÉVALUER LES COÛTS

- ÉTABLIR UN BUDGET PRÉVISIONNEL

- ENGAGER UNE MAIN-D'ŒUVRE QUALIFIÉE

- OUVRIR UN COMPTE EN BANQUE
- DEMANDER UN EMPRUNT
- TROUVER UN LOCAL COMMERCIAL

- OBTENIR DES SUBVENTIONS
- ÉLABORER UNE POLITIQUE COMMERCIALE
- DÉMARRER L'ACTIVITÉ

- SE FAIRE IMMATRICULER AU REGISTRE DU COMMERCE

QUI CRÉE UNE ENTREPRISE ?

1 Associez le verbe au substantif qui convient :

a) .... les coûts .... Accomplir

b) .... la forme juridique .... Choisir

c) .... des formalités .... Définir

d) .... un produit .... Élaborer

e) .... une politique commerciale .... Évaluer

f) .... un projet .... Lancer

2 Quelles raisons peuvent pousser un futur chef d'entreprise :

a) à créer sa propre entreprise ?

....

....

b) à le faire hésiter ?

....

....

3 Voici quelques expressions courantes, mais connaissez-vous les expressions correspondantes plus "professionnelles" ?

a) mettre sur le marché un produit nouveau : ....

b) s'installer dans une région : ....

c) déterminer la clientèle que l'on veut toucher : ....

d) trouver une place libre sur le marché : ....

e) se fixer un but : ....

f) faire un budget pour les 3 années
à venir avant la création : ....

LES FORMES JURIDIQUES DE L'ENTREPRISE

4

Retrouvez la signification de ces sigles.

SNC : ....

EURL : ....

SARL : ....

SA : ....

5

Remplissez le tableau suivant afin de retrouver les principales caractéristiques des formes juridiques indiquées.

formes juridiques	entreprise individuelle	SNC	EURL	SARL	SA
capital minimum					
responsabilité des associés					
nombre minimum des associés					

6

Connaissez-vous d'autres formes juridiques ?

....

....

7

Quelle est la différence entre des "parts sociales" et des "actions" ?

....

....

....

FONCTIONS ET ACTIVITÉS DE L'ENTREPRISE

8

Grâce aux dessins ci-dessous, retrouvez les différents stades de la fabrication d'un produit.

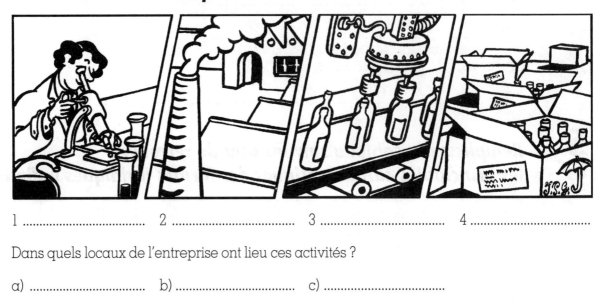

1 .... 2 .... 3 .... 4 ....

Dans quels locaux de l'entreprise ont lieu ces activités ?

a) .... b) .... c) ....

9

Voici l'organigramme d'une entreprise de production : pourriez-vous retrouver les activités propres à chaque département ?

DIRECTION GÉNÉRALE				
les services comptables	les services administratifs	les services techniques	le service du personnel	le service commercial
↓	↓	↓	↓	↓
1	2	3	4	5 ....
....	....	....	....	....

a) l'après-vente – b) la conception – c) le contentieux – d) la fabrication – e) la facturation – f) la formation – g) le marketing – h) le recrutement – i) les règlements – j) le secrétariat.

10

Le service marketing. Retrouvez les mots qui ont été effacés.

Le service marketing procède à une (1) .... avant de (2) .... un nouveau produit dont il a soigneusement déterminé les caractéristiques, c'est à dire le (3) ...., il étudie tout d'abord la (4) .... (les goûts et les habitudes des

(5) .... et leurs (6) .... La concurrence est ainsi analysée. Les études sont réalisées par (7) .... sur un (8) .... choisi comme représentatif des différentes (9) .... L'entreprise choisit ensuite en fonction de ces données le (10) .... le plus approprié compte tenu du produit et de la clientèle.

a) consommateurs – b) catégories socio-professionnelles – c) circuit de distribution – d) demande – e) échantillon – f) étude de marché – g) lancer – h) motivations – i) profil – j) sondage

11   *Retrouvez les substantifs de la même famille.*

Gérer   ....

Soustraiter   ....

Contrefaire   ....

Connaissez-vous des synonymes de "contrefaire" ?

....

LES IMPÔTS DE L'ENTREPRISE

12   *Connaissez-vous le système d'imposition en France ?*
Complétez ce petit texte avec les mots de la liste qui suit :

Les principaux impôts qui s'appliquent en France sont les suivants :
a) les impôts sur les bénéfices : ils concernent les (1) .... (SA et SARL)
b) les impôts sur le revenu : ils concernent les (2) .... (commerçants et artisans) et les associés de (3) .... (SNC , SARL unipersonnelle)
Ils se subdivisent en 2 catégories : les bénéfices industriels et commerciaux (BIC) et les bénéfices non-commerciaux (BNC) pour les (4) ....
La TVA est un impôt sur le (5) .... et s'applique sur les ventes faites en France ; les exportations en sont (6) .... C'est le consommateur final qui supporte la charge de la TVA et non l'entreprise qui n'en est que le (7) ....
(D'après le *Mémento pratique du créateur d'entreprise* de Patrick Lafond.)

1 sociétés de personnes / sociétés de capitaux
2 personnes physiques / entreprises individuelles
3 sociétés de personnes / sociétés de capitaux
4 créateurs / professions libérales
5 bénéfice / chiffres d'affaires
6 exonérées / exemptées
7 collectionneur / collecteur

L'EXPRESSION DE LA CAUSE

– parce que – puisque – comme – vu que – étant donné que – sous prétexte que	– car – en effet	– à cause de – grâce à – en raison de – du fait de – faute de – par manque de – à force de	– non que + SUBJ. – ce n'est pas que + SUBJ. – soit que… soit que + SUBJ.

Exemple : Je ne viendrai pas à cette réunion, ce n'est pas que je ne **veuille** pas, mais parce que je ne **peux** pas.

1 Complétez ce dialogue.

Monsieur Follet explique à son conseiller financier les raisons pour lesquelles il a décidé de créer sa propre entreprise. Variez les expressions de cause.

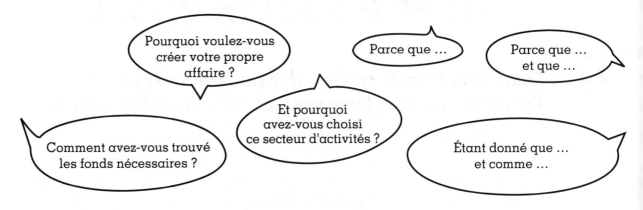

2 Transformez à l'aide d'un substantif les phrases suivantes :

Exemple : il a réussi parce qu'il a beaucoup travaillé → Il a réussi grâce à son travail.

– Il n'a pas pu créer son affaire parce qu'il n'avait pas assez d'argent. (faute de).
– Il a échoué parce qu'il était trop impatient. (à cause de).
– Monsieur Follet a choisi Monsieur Martin comme assistant parce qu'il était très compétent. (pour).

3 Faites la différence entre "parce que" et "puisque que".

– J'ai choisi ce statut .... il me semble le mieux adapté à mes projets.
– .... vous aviez la possibilité de vous installer en ville, pourquoi ne pas l'avoir fait ?

– .... les prix y sont beaucoup plus élevés qu'ailleurs et .... le choix y est plus limité.

– Bien, ... cette solution vous satisfait, c'est le principal !

L'EXPRESSION DU TEMPS

AVANT (antériorité)	APRÈS (postériorité)	PENDANT (simultanéité)
– avant que – jusqu'à ce que } + SUBJ. – en attendant que – avant le moment où – jusqu'au moment où – en attendant le moment où – depuis que	– après que – dès que – aussitôt que – une fois que	– pendant que – alors que – tandis que – en même temps que – à mesure que – quand – lorsque – chaque fois que – comme

4 ***Relevez et identifiez dans le texte les différentes conjonctions de temps. Notez les modes et les temps utilisés.***

Une fois que Monsieur Follet eut bien défini son projet et après qu'il eut évalué le coût de sa réalisation, il chercha un local commercial. Un soir, alors qu'il sortait du restaurant, il en remarqua un dont la superficie et l'implantation lui convenaient tout à fait. En attendant que toutes les formalités soient accomplies, il se présenta à la banque où il reçut l'aide d'un conseiller.

5 ***Réutilisez les expressions du tableau pour résumer les différentes étapes de la création d'entreprise de Monsieur Ortis.***

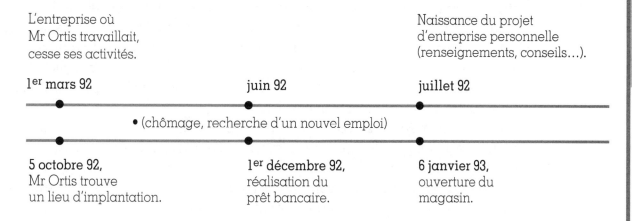

L'entreprise où Mr Ortis travaillait, cesse ses activités.

Naissance du projet d'entreprise personnelle (renseignements, conseils…).

1er mars 92   juin 92   juillet 92

• (chômage, recherche d'un nouvel emploi)

5 octobre 92, Mr Ortis trouve un lieu d'implantation.

1er décembre 92, réalisation du prêt bancaire.

6 janvier 93, ouverture du magasin.

1
2
3
4
5
6
7
8
9

6 Remettez en ordre les mots des phrases.

– <u>À partir du moment où vous</u> : choisi / la / aurez / forme / vous / juridique / de / entreprise / votre / pourrez / autres / les / formalités / entreprendre.

– <u>Avant de</u> / votre / créer / propre / faites / études / entreprise / toutes / nécessaires / les.

– <u>Pendant</u> / premières / les / années / trois / activité / d' / vous / de / qu' / risquez / gagner / moins / en / salarié / étant.

– <u>Une fois que vous</u> / les / économiques / de / région / la / aurez / déterminé / tendances / choisirez / vous / votre / d' / lieu / implantation.

L'EXPRESSION DU BUT

| – pour que
– afin que
– de peur que (ne)
– de crainte que (ne)
– de manière (à ce) que
– de sorte que
– de façon que | } + SUBJONCTIF | – pour
– afin de (d')
– de peur de (d')
– de crainte de (d')
– de manière à
– de façon à | } + INFINITIF |

7 Complétez librement.

– .... pour se faire immatriculer au registre du commerce des sociétés.

– .... afin de rencontrer un conseiller financier.

– .... de sorte qu'il puisse démarrer rapidement son activité.

– .... de façon à bénéficier d'une prime à la création.

– .... pour que son produit corresponde aux exigences de la clientèle.

– .... de peur que tout ne soit pas prêt lors de l'ouverture du magasin.

8 Exercice de synthèse.

Choisissez parmi les différentes conjonctions de cause, de but ou de temps des trois tableaux précédents, celle qui convient le mieux pour relier les deux parties de la phrase.

Exemple : il faut souvent attendre plusieurs mois / le projet ne devienne réalité →
Il faut souvent attendre plusieurs mois avant que le projet ne devienne réalité.

– Je suis devenu créateur d'entreprise / je voulais être indépendant. ....

– J'ai rencontré mon banquier / il me conseille. ....

– Trois mois se sont écoulés / il a ouvert son magasin. ....

– Il a dû faire un emprunt / il n'avait pas assez de fonds personnels. ....

– Il doit fournir une garantie / la banque lui accorde un prêt. ....

– La production pourra commencer / il aura reçu les matières premières nécessaires. ....

– L'état aide les chefs d'entreprise / ils créent des emplois. ....

9 ***Soulignez dans le texte suivant les différentes expressions de temps, de but et de cause.***

L'AVENTURE

En raison de la conjoncture économique ou par peur du chômage, beaucoup des jeunes veulent créer leur propre entreprise. C'est une grande aventure. Car, avant que le projet ne devienne réalité, il faut franchir des obstacles. Pour que le rêve se concrétise, il faut étudier la conjoncture économique, analyser le marché, choisir un créneau, cibler une clientèle... Une fois que cela est fait, il faut encore accomplir bien des formalités administratives afin de profiter de toutes les aides possibles et de manière à ce que tout se fasse dans les règles. Mais pour être un jour son propre patron, cela vaut la peine.

COMME

COMME exprime :	
la comparaison	– Il travaille comme un fou.
le temps	– Comme j'allais sortir, il est entré. (au moment où).
la cause	– Comme il avait beaucoup travaillé ces derniers jours, il était épuisé. (parce que).
la manière	– Faites comme vous voudrez !
l'exclamation	– Comme il est rapide !

10 ***Remplacez "comme" dans les phrases suivantes par : alors que, tel que, parce que***

– Comme je n'avais pas assez d'apport personnel, j'ai dû emprunter.
– Ce travail est comme je l'imaginais.
– Comme nous cherchions de nouveaux débouchés, nous avons reçu cette proposition inattendue.
– Comme cette affaire me semblait intérressante, nous avons conclu un accord.

LES PRÉPOSITIONS

11 ***Complétez.***

.... créer une entreprise, il faut du temps, de l'argent, des compétences et de l'imagination. Il faut commencer .... définir un projet précis, puis ne pas hésiter .... demander l'aide .... un conseiller, afin .... éviter bien des erreurs. Ensuite, on peut commencer .... entreprendre les démarches concrètes. Mais .... réussir, il faut aussi compter .... la chance .... arriver .... bon port !

LA CORRESPONDANCE : GÉNÉRALITÉS

1
À quelles parties de la lettre correspondent les numéros suivants :

1 ....

2 ....

3 ....

4 ....

5 ....

| 1 |
| 4 |
| 2 |
| 3 |
| 5 |
| 6 |
| 7 |
| 8 |
| 9 |
| 10 |

6 ....

7 ....

8 ....

9 ....

10 ....

2
Répondez aux questions suivantes :

a) Connaissez-vous un synonyme de "suscription" et d'"appellation" ?

b) quels principaux renseignements sont indiqués dans les zones 1 et 10 ?

c) quelles références sont mentionnées ?

d) quels titres peuvent apparaître dans la formule d'appellation ?

e) connaissez-vous les sigles suivants : P/o – PJ – RC – RCS – Cedex – N. Réf. – V. Réf. ?

3
Cherchez des expressions synonymes des expressions soulignées.

– Pourriez-vous avoir l'amabilité de nous expédier de toute urgence votre dernier catalogue et vos prix courants.

– Nous vous prions d'agréer, Messieurs, l'expression de nos sentiments distingués.

– Je vous saurais gré de m'envoyer des renseignements complémentaires sur les possibilités d'hébergement.

4
Retrouvez les adjectifs associés dans les formules de politesse à "salutations" et à "sentiments".

nos sentiments ....

– nos salutations ....

nos sentiments ....

– nos salutations ....

nos sentiments ....

– nos salutations ....

mes sentiments ....

– mes salutations ....

Le jeu des définitions

Grâce aux 19 définitions, retrouvez les 19 mots dont les premières lettres forment le mot "création d'entreprise".

1. Semblent lourdes à toutes les entreprises.
2. Si vous avez peur d'en prendre, ne créez pas d'entreprise
3. Il est souvent indispensable pour compléter l'apport personnel.
4. Il possède une part du capital.
5. Tout commerçant doit la payer.
6. Une idée nouvelle.
7. Il représente l'organisation de l'entreprise.
8. Il est donné au moment de l'inscription au registre du commerce.
9. Une estimation du coût des travaux.
10. Elle est au cœur de cet exercice.
11. Aprés la déduction des charges et des taxes.
12. Impôt indirect.
13. Nom sous lequel l'entreprise est déclarée.
14. Entreprise individuelle mais avec une responsabilité limitée.
15. Parts du capital dans une SARL
16. Qui dégage un profit.
17. Acquisition de biens.
18. Défend les salariés.
19. Indispensable avant de lancer un nouveau produit sur le marché.

1. C ....
2. R ....
3. E ....
4. A ....
5. T ....
6. I ....
7. O ....
8. N ....
9. D ....
10. E ....
11. N ....
12. T ....
13. R ....
14. E ....
15. P ....
16. R ....
17. I ....
18. S ....
19. E ....

1. Charges sociales – 2. Risques – 3. Emprunt – 4. Actionnaire – 5. Taxe professionnelle – 6. Innovation – 7. Organigramme – 8. Numéro siret – 9. Devis – 10. Entreprise – 11. Net – 12. TVA – 13. Raison sociale – 14. EURL – 15. Parts sociales – 16. Rentable – 17. Investissement – 18. Syndicat – 19. Étude de marché.

LA BANQUE ET L'ENTREPRISE

PÊLE-MÊLE

MÊME S'IL POSSÈDE UN APPORT PERSONNEL, MONSIEUR FOLLET NE PEUT PAS ASSUMER SEUL TOUS LES FRAIS AUXQUELS IL DOIT FAIRE FACE :

– L'ACHAT OU LA LOCATION DU LOCAL ■

– LES FRAIS D'INSTALLATION ET DE DÉCORATION ■

– L'INVESTISSEMENT DANS UN MATÉRIEL PERFORMANT ■

LA BANQUE EST LE PARTENAIRE INDISPENSABLE DU CHEF D'ENTREPRISE. ELLE PEUT LUI ACCORDER UN PRÊT, ET PAR DES FACILITÉS DE TRÉSORERIE L'AIDER À GÉRER SA SOCIÉTÉ ■

1 2 3 4 5 6 7 8 9

✔ POUR OUVRIR UN COMPTE EN BANQUE

✔ POUR OUVRIR UN COMPTE CHÈQUE

✔ POUR OUVRIR UN COMPTE ÉPARGNE

✔ POUR OUVRIR UN COMPTE SUR LIVRET

✔ POUR OUVRIR UN CODEVI

✔ POUR APPROVISIONNER MON COMPTE

✔ POUR RENCONTRER UN CONSEILLER

✔ POUR UTILISER LE DAB

✔ POUR CLÔTURER UN COMPTE

✔ POUR DEMANDER UN PRÊT PERSONNEL

✔ POUR DEMANDER UNE AVANCE DE FONDS

- ✔ POUR OBTENIR UN CRÉDIT PERMANENT
- ✔ POUR OBTENIR UN CRÉDIT À LONG TERME
- ✔ POUR OBTENIR UN CRÉDIT À COURT TERME
- ✔ POUR OBTENIR UN CRÉDIT À LA CONSOMMATION
- ✔ POUR OBTENIR UN CRÉDIT IMMOBILIER
- ✔ POUR OBTENIR UN DÉCOUVERT

L'ENTREPRISE ET LE DROIT

Émettre des chèques sans provision est un délit passible d'une amende et de l'interdiction d'émettre des chèques pendant un an.
Celui qui reçoit un chèque d'un montant élevé peut exiger qu'il soit certifié par le tiré, c'est-à-dire garanti par le banquier du tireur. Par contre, le paiement d'un chèque inférieur ou égal à 100 F est garanti par les banques.

- ✔ POUR NANTIR DES TITRES
- ✔ POUR DONNER PROCURATION

- ✔ POUR DEMANDER UN PRÊT PERSONNEL

- ✔ POUR OBTENIR UN RIB

- ✔ POUR FAIRE UN PLACEMENT
- ✔ POUR FAIRE UN VIREMENT
- ✔ POUR FAIRE UN VERSEMENT
- ✔ POUR FAIRE UN DÉPÔT
- ✔ POUR FAIRE UNE REMISE DE CHÈQUE
- ✔ POUR FAIRE UNE OPPOSITION

- ✔ POUR ENCAISSER UN BILLET À ORDRE
- ✔ POUR RECOUVRIR UNE LETTRE DE CHANGE
- ✔ POUR ENDOSSER UN CHÈQUE

- ✔ POUR NÉGOCIER DES TITRES
- ✔ POUR VÉRIFIER MON SOLDE
- ✔ POUR LOUER UN COFFRE

- ✔ POUR UTILISER UN PRÉLÈVEMENT AUTOMATIQUE

- ✔ POUR ACHETER DES CHÈQUES DE VOYAGE
- ✔ POUR ACHETER DES DEVISES

- ✔ POUR RETIRER UNE CB
- ✔ POUR RETIRER UN CARNET DE CHÈQUES
- ✔ POUR RETIRER DE L'ARGENT LIQUIDE

1 Remplacez le verbe "mettre" par un verbe plus précis.

Je voudrais mettre de l'argent de côté.
Je voudrais mettre de l'argent sur mon compte.
Je voudrais mettre ce chèque sur mon compte.
Je voudrais mettre de l'argent de mon compte
courant sur mon plan épargne.

| déposer |
| approvisionner |
| placer |
| virer |

LE CRÉDIT

2 Associez les besoins exprimés par les clients aux réponses données par le banquier.

Monsieur Poirié a des difficultés de trésorerie

Monsieur Volant a besoin de changer de voiture

Monsieur et Madame Enclos veulent acheter un grand appartement

Madame Soltène a besoin d'argent pour acheter son magasin

Monsieur et Madame Koi ont ce mois-ci quelques dépenses imprévues

Crédit immobilier

Crédit à la consommation

Un découvert

La facilité de caisse

Une avance de fonds

LES AUTRES SERVICES BANCAIRES

3 Ils vont tous à la banque. Mais que vont-ils y faire ?

a) Monsieur et Madame Solpié partent
en vacances aux USA
Ils vont ....

b) Madame Vilone craint qu'on lui dérobe
ses bijoux de grande valeur.
Elle va ....

c) Madame Polet a simplement besoin
d'une petite somme d'argent pour faire ses courses.
Elle va ....

| 1 vérifier son solde |
| 2 acheter des devises |
| 3 louer un coffre |
| 4 retirer de l'argent au DAB |
| 5 demander un conseil pour un placement |

22

d) Monsieur Tollat ne fait pas ses comptes régulièrement,
   il ne sait plus où il en est.

Il va ....

e) Monsieur Callos vient de recevoir un important héritage.

Il va ....

LES MOYENS DE PAIEMENT

4

Complétez le texte à l'aide des mots de la liste ci-dessous.

– opération
– patrimoine
– conseiller financier
– prélèvement automatique
– portefeuille
– monnaie
– solde

– montant
– CB
– distributeur automatique
– factures
– relevés
– chèques

Mardi 5 octobre, 8 heures du matin, M. Follet en sortant de chez lui s'arrête pour acheter

son journal. Il tend à la vendeuse un billet de 100 francs, elle lui rend la ....

À 13 heures, il déjeune au restaurant avec deux clients importants. Le restaurant n'accepte

pas les ...., il règle l'addition avec sa CB.

À 17 heures, il est trop tard pour aller à la banque, heureusement il passe retirer

de l'argent au ....

À 22 heures, M. Follet examine son courrier personnel, il y a plusieurs .... :

téléphone, électricité, impôts ... . Mais il est tranquille, il a demandé le .... de

ces sommes de son compte courant.

Il a également reçu l'appareil photo qu'il avait commandé par correspondance. Il prépare

immédiatement le chèque du .... indiqué.

Il a confié la gestion de son .... titres à son banquier ; celui-ci lui envoie un avis de

mouvement à chaque .... ; Monsieur Follet le vérifie comme il vérifie ses derniers

.... afin de connaître son ....

À 23 heures, avant de s'endormir, Monsieur Follet songe qu'il devrait rendre visite à son

.... pour déterminer comment gérer au mieux son ....

1
2
3
4
5
6
7
8
9

23

5

Trouvez l'intrus dans chaque groupe.

> Titres / devises / actions / obligations

> Chéquier / carte bancaire / argent liquide / agios

> Découvert / crédit / opposition / avance de fonds

> Procuration / effet de commerce / billet à ordre / lettre de change

---

LE FINANCEMENT DE L'ENTREPRISE

6

Faites correspondre chaque groupe de mots soulignés dans le texte à un des mots suivants :

Un découvert, un plan de trésorerie, une insuffisance de trésorerie, le capital social, un escompte, un crédit à court terme, une facilité de caisse.

Pour créer son entreprise, Monsieur Follet a apporté ses <u>propres ressources</u>. Mais ce n'était pas suffisant, il a dû recourir à un <u>financement bancaire</u> (sur 5 ans). Il a proposé à son banquier <u>un calendrier détaillé</u> de ses prévisions de recettes et dépenses annuelles.

Par la suite, pour faire face à certaines difficultés (<u>un déficit de quelques semaines</u> à cause de ventes irrégulières), il a demandé le concours de son conseiller financier qui lui a présenté plusieurs possibilités :

– un <u>crédit court terme</u> pour absorber cette difficulté.

– <u>une ouverture de crédit</u> plus longue pour compléter temporairement ses moyens de financement.

– <u>une avance</u> pour lui permettre de disposer, avant échéance, de l'argent reçu sous forme de traite ou d'effet de commerce.

7

Trouvez le verbe qui convient parmi les trois verbes proposés.

– Monsieur Follet va *chercher / retirer / prendre /* un carnet de chèques dans son agence.
– Monsieur Follet doit *signer / endosser / parapher /* ce chèque pour l'encaisser.

– Avant de partir pour plusieurs années à l'étranger, elle a *clôturé* / *fermé* / *laissé* / son compte en banque.

– Monsieur Follet a besoin de son dernier relevé pour *vérifier* / *regarder* / *examiner* / son solde.

– Monsieur Follet a *donné* / *accordé* / *accepté* / procuration à sa femme sur son compte.

Votre CB. Trouvez des synonymes aux mots soulignés dans le texte.

LES RÉFLEXES SÉCURITÉ.

Pour votre sécurité, ayez les bons réflexes.

– À la remise de votre carte, signez-la.

– Notez, à part, votre numéro de carte (16 chiffres) : il vous sera demandé pour toute opposition en cas de perte ou de vol.

– Votre code confidentiel est aussi personnel que votre signature : ne le rangez jamais dans votre étui-carte, ne le notez même pas, sous aucune forme que ce soit. Apprenez-le par cœur, ne le communiquez à personne, <u>en aucune occasion</u>.

Vérifiez toujours que vous avez récupéré votre carte après <u>un paiement</u> ou <u>un retrait d'espèces</u>.

En cas d'erreur dans la composition du code, le distributeur <u>restitue</u> la carte. Au bout de trois erreurs successives, l'appareil la retient. La carte retenue peut être récupérée par le <u>titulaire</u> dans un délai de 1 jour ouvrable à l'agence correspondante, avec signature et pièce d'identité. Au-delà, la carte est retournée à l'agence émettrice.

En résumé, pouvez-vous rappeler :

a) quelles sont les principales activités des banques ;

–

–

b) quelles marchandises elles vendent.

–

–

LA CONDITION AVEC "SI"

Si + indicatif présent + ⟵ indicatif présent / indicatif futur / impératif	Si vous n'êtes pas d'accord, vous devez le dire. Si vous le voulez, nous travaillerons ensemble. Si vous êtes d'accord, travaillons ensemble !
Si + indicatif imparfait + conditionnel présent	Si vous m'aidiez, nous y arriverions.
Si + indicatif plus que parfait + conditionnel passé	Si vous aviez fait plus d'efforts, vous auriez réussi.

1 — Complétez les phrases suivantes :

– Si je veux avoir de l'argent liquide à tout moment, je ....

– Si vous aviez vérifié votre relevé bancaire, vous ....

– Si votre chèque n'est pas signé, il ....

– Si vous cherchez un bon placement, ...

– Si vous aviez des problèmes de trésorerie ....

2 — Retrouvez à l'aide des dessins, la première partie des slogans suivants.

Si vous    , pensez à prendre des chèques de voyage.

Si vous    , vous pouvez profiter de nos crédits immobiliers.

Si vous    , vous auriez dû demander un prêt personnel à la consommation.

Si vous   , votre banquier peut vous accorder un découvert.

Si vous   COTE OFFICIELLE   , notre service TITRES saura vous conseiller.

26

3 *"Si" n'exprime pas toujours la condition. Dites ce qu'il exprime dans les phrases suivantes :*

– je voudrais savoir **si** mon compte courant est approvisionné.
– il est **si** endetté que la banque a refusé de lui accorder un découvert.
– **si** nous discutions un peu de vos projets ?
– ne soyez pas **si** inquiet, nous venons de faire opposition au chèque qu'on vous a volé.
– vous ne pouvez pas m'indiquer la situation de mon compte ? Mais **si** !

AUTRES FAÇONS D'EXPRIMER LA CONDITION

– à condition que – pourvu que – à supposer que – en admettant que – à moins que (ne) } + SUBJONCTIF	au cas où + CONDITIONNEL	à condition de à moins de } + INFINITIF

4 *Mettez les verbes au mode et au temps qui conviennent.*

– Vous pouvez retirer de l'argent à tout moment à condition que vous (avoir) une carte bancaire.
– Au cas où vous (perdre) votre chéquier, prévenez immédiatement votre banque.
– Votre demande risque d'être refusée, à moins que vous ne (fournir) de solides garanties.
– Si vous (posséder) un Plan Épargne Logement, vous auriez pu obtenir un prêt avantageux.

LA VOIX PASSIVE

Forme active	Mon associé a déposé ce chèque à la banque. (sujet) (verbe) (c.o.d.)
Forme passive	Ce chèque a été déposé par mon associé.
Autres exemples	On ne vous donnera aucune réponse. → Aucune réponse ne vous sera donnée. (Suppression du sujet de la forme active)

5

Imaginez ce qu'elle dit.

Après deux mois de travaux, M. Follet découvre les nouvelles installations de son agence bancaire. L'hôtesse lui explique ce qui a changé (l'ancien guichet a été remplacé par…).

6

Mettez à la forme passive.

– Un conseiller financier vous recevra. →

– Une hôtesse m'a accueilli à l'entrée. →

– La banque automatique réalise toutes les opérations courantes. →

– Nos clients apprécient beaucoup ces nouveaux services. →

– Un attaché commercial suivra votre dossier personnellement.→

LA NÉGATION

Ne … pas	– Je ne veux pas !
Ne … pas de	– Avez-vous des chèques de voyage ? Nous n'avons pas de chèques de voyage.
Déjà ? Ne … pas encore	– Avez-vous déjà reçu votre relevé ? Non, je ne l'ai pas encore reçu.
Encore ? Souvent ? Ne plus. Ne jamais	– Votre solde a-t-il été souvent débiteur ? Non, il ne l'a jamais été.
Aussi ! Non plus	– Vous venez retirer de l'argent ? Moi aussi ! – Vous n'avez plus d'argent ? Moi non plus !
Quelqu'un Ne … personne	– Quelqu'un s'occupe de vous ? Non, personne ne s'occupe de moi.
Quelque chose Ne rien Autre chose Ne … rien d'autre	– Avez-vous besoin de quelque chose ? Non, je n'ai besoin de rien. – Avez-vous besoin d'autre chose ? Non, je n'ai besoin de rien d'autre.
Ne … aucun Ne … nulle part	– Aucune proposition n'est écartée. – Votre dossier est perdu, nous ne l'avons trouvé nulle part.
Ne … que (seulement)	– Je ne veux que des livres écossaises.
Ou ? Ni	– Préférez-vous régler vos dépenses avec votre carte bancaire ou votre chéquier ? Ni l'un ni l'autre, je préfère payer en argent liquide.
Remarque : Lorsque la question est négative, la réponse affirmative commence par "si". *Exemple :* Vous n'avez pas encore de carte bancaire ? Si, j'en ai déjà une.	

7 Trouvez la question qui correspond aux réponses suivantes :

a) .... ? Je ne l'ai pas encore reçue.

b) .... ? Si, je l'utilise très souvent.

c) .... ? Non, je n'en ai pas besoin.

d) .... ? Oui, je voudrais un renseignement.

8 Observez et soulignez les différentes négations du texte.

– Je n'ai pas besoin de devises ; je ne vais jamais nulle part !

– Je n'ai pas besoin de chéquier ; je n'utilise que de l'argent liquide !

– Je n'ai besoin ni d'un livret ni d'un plan ; je n'ai pas d'économies !

– Je n'ai besoin d'aucun conseiller financier ; je n'ai plus d'argent et je n'ai pas encore gagné au loto !

– Je vous assure. J'ai déjà tout ce qu'il me faut. Je ne veux rien d'autre ! Je n'ai vraiment besoin de rien ! Pas vous ?

9 Remplacez dans le texte ci-dessus, les négations par leur contraire.

10 Répondez aux questions.

– Voulez-vous payer comptant ? Non …

– Utilisez-vous déjà le prélèvement automatique pour régler certaines factures ? Non …

– Vous n'avez pas encore de compte chèque ? Non …

– Connaissez-vous tous les services de la banque ? Non …

LES PRÉPOSITIONS

11 Complétez.

Votre banque peut vous faire bénéficier .... nombreux services.

– Des placements adaptés .... votre situation personnelle.

– Des conseils .... vous aider .... gérer votre patrimoine.

– Des prêts .... acquérir votre logement.

– Des services qui s'appuient .... la qualité professionnelle et l'efficacité des agents, leur capacité d'initiative et leur sens des responsabilités.

– De plus, chaque bureau dispose .... meilleur équipement informatique.

N'hésitez pas .... venir vous renseigner. Nous sommes .... votre disposition .... répondre .... toutes vos questions.

Nous comptons .... vous !

Vous pouvez compter .... nous !

LA CORRESPONDANCE AVEC LES BANQUES

1

Complétez cette lettre à l'aide de la liste suivante :

(1) détail / relevé
(2) opérations/transactions
(3) bévue / erreur
(4) sur / de
(5) crédité / tiré
(6) encaissement / endossement
(7) crédit / relevé
(8) serais / saurais
(9) recherches / ordres
(10) crédit / total

Monsieur le Directeur,

Je viens de recevoir le (1) .... de compte relatif aux (2) .... effectuées entre les 1er et 15 courant.

J'ai le regret de constater qu'une (3) .... a été commise. En effet, le chèque numéro 235982354 (4) .... la Banque Régionale de France de 3 500 F (5) .... à mon ordre par madame Villerieux, 15 allée de la Prévoyance à Toulouse et déposé à l' (6) .... le 3 février ne figure toujours pas au (7) .... de mon compte.

Il s'agit sans doute d'un oubli et je vous (8) .... gré de bien vouloir effectuer les (9) .... nécessaires afin de porter son montant au (10) .... de mon compte dans les meilleurs délais.

2

Quelques erreurs ou imprécisions de vocabulaire (soulignées) se sont glissées dans ces phrases ; corrigez-les !

a) Je désire <u>arrêter</u> mon compte et vous prie de bien vouloir <u>verser</u> le <u>restant</u> sur le compte de mademoiselle Paule DUBOIS dont je joins le <u>relevé de compte</u>.

b) J'ai reçu <u>aujourd'hui</u> un avis d'impayé concernant le <u>paiement</u> automatique de mes impôts. Or, mon salaire m'ayant été <u>versé</u> le 28 septembre par mon employeur, je ne peux m'expliquer comment je pourrais être <u>sans provisions</u> le 5 octobre.

c) Je vous prie de bien vouloir <u>bloquer</u> le chèque numéro 254869547 <u>au nom de</u> Benjamin Manuel.

3

À vous !

Vous envoyez par la poste un chèque à votre agence bancaire pour qu'elle le dépose sur votre compte courant ; rédigez la lettre qui accompagne le chèque.

COMMENT REMPLIR UN FORMULAIRE

4 *Donnez la définition des mots suivants :*

a) la raison sociale • b) le siège social • c) la catégorie socio-professionnelle

5 *À quoi correspondent :*

le nom du conjoint, le nom de jeune fille, le nom de l'ayant-droit.

6 *Quelle consigne a été donnée ?*

a) ✘ marié(e) ....   b) marié (e) ....

c) ~~marié(e)~~ ....   d) marié(e) ....

e) Que signifie "biffer la mention inutile" ?

7 *Donnez les caractéristiques de la typographie.*

1) PAUL MARTIN   a) "en lettres d'imprimerie"

2) DUT de gestion obtenu à Bordeaux en 1975   b) "en lettres capitales"

3) *...je me permets de solliciter* ...   c) "manuscrit"

Donnez un synonyme de "lettres capitales".

8 *Quels documents remplit-on :*

a) dans une administration ? je remplis un ....

b) pour faire une remise de chèques à la banque ? je remplis un ....

c) à la poste pour l'envoi d'un paquet l'employé(e) me remet un .... et pour l'envoi d'un

mandat elle me remet un .... Quand mon loyer est payé, je reçois une ....

9 *Que signifient les expressions suivantes ?*

a) "Sans engagement de ma part" ;
b) "Apposer un paraphe au bas de chaque page" ;
c) "Émarger".

10 *Quelle mention précède parfois la signature ?*

EXPRIMER UNE CERTITUDE

Deux amis discutent ; chacun a un compte dans une société de banque différente mais chacun est persuadé que les services offerts par sa banque répondent exactement à ses besoins.

 OUTILS !

Je peux vous assurer que (de + nom)...
Je peux vous affirmer que...
Soyez certain que...
Il est évident que...

 GUIDE

Établissez tout d'abord la liste des services offerts par une banque et donnez aux 2 personnages une situation différente.(profession, âge, situation de famille).

PROPOSER

Dans un grand magasin, un (e) employé (e) propose à un (e) client (e) de demander la carte privative qui est la solution rêvée pour tout bon client : paiement des achats à comptant ou à crédit, possibilité de disposer d'une réserve d'argent disponible immédiatement quand le client le désire.

 OUTILS !

Si je peux me permettre de vous conseiller...
C'est une proposition exceptionnelle, seriez-vous d'accord pour...

 GUIDE

Analysez les arguments : le crédit gratuit pendant 4 mois, le paiement en 4 fois sans frais, une réserve de crédit permanente...

DEMANDER UN AVIS

Un chef d'entreprise souhaite informatiser ses bureaux et recherche le meilleur moyen pour régler cet investissement. Il prend conseil auprès de la banque dans laquelle il a son compte.

 OUTILS !

Je souhaiterais que vous me guidiez dans mon choix...
Je suis indécis, pourriez-vous m'aider à prendre une décision...
À votre avis...

GUIDE

Pensez au calcul des échéances et de l'amortissement, au crédit à court terme, au taux d'intérêt, aux déductions d'impôts...

EXPRIMER UNE POSSIBILITÉ

Un commerçant se rend à la banque pour demander s'il est possible de l'aider à régler ses problèmes de trésorerie.

 OUTILS !

Il se peut que ...
Il est possible que ...
Il est probable que ...
Il est vraisemblable que ...

 GUIDE

Pourquoi un commerçant peut connaître des problèmes de trésorerie et quelles solutions la banque peut-elle lui apporter ?

FAIRE PRÉCISER

Un client souhaite placer une somme d'argent conséquente qu'il vient de gagner. Un employé de la banque le reçoit et lui explique les divers modes de placement ; le client comprend mal ...

 OUTILS !

Je souhaiterais quelques détails (précisions) complémentaires sur ...
En ce qui concerne,
... pourriez-vous m'expliquer...

 GUIDE

Faites une liste des placements que proposent les banques : sont-ils proposés à de petits ou à de gros placements ? Définissez aussi la somme à placer.

● ● ● ● ● ● ● ● ● ● ● ● ● ● ● ● ● ●

Vrai ou faux ?

	VRAI	FAUX

1. En France, on peut disposer d'un chéquier à partir de 18 ans.

2. La banque me rachètera les devises au prix où elle me les a vendues.

3. Pour acheter une maison, je demande un crédit à la consommation.

4. Endosser un chèque avant encaissement, signifie le signer au dos.

5. En cas de vol de ma CB ou de mon chéquier, j'ai 48 heures pour faire opposition.

6. Si je suis un fidèle client de la banque, elle m'accorde automatiquement un découvert.

7. Avec ma CB je peux retirer tout l'argent que je désire 24 heures sur 24.

8. Un commerçant ne peut m'obliger à utiliser un moyen de paiement plutôt qu'un autre.

9. En France, tous les comptes courants sont rémunérés.

10. Tout découvert entraîne des agios.

Réponses : 1/f - 2/f - 3/f - 4/v - 5/f - 6/f - 7/f - 8/v - 9/f - 10/v.

33

UNITÉ 3

L'EMPLOI ET L'ENTREPRISE

PÊLE-MÊLE

MONSIEUR FOLLET DOIT SONGER

À ENGAGER DES COLLABORATEURS

OU COLLABORATRICES EFFICACES ET

IMMÉDIATEMENT OPÉRATIONNELS ■

IL DOIT MAINTENANT GÉRER DU

PERSONNEL ET SE TROUVE CONFRONTÉ

À DES DIFFICULTÉS NOUVELLES

POUR LUI ■

– RÉDIGER UN CONTRAT DE TRAVAIL ■

– ÉTABLIR UNE FICHE DE SALAIRE ■

– CONNAÎTRE LE DROIT DES SALARIÉS,

ET LES OBLIGATIONS DE L'EMPLOYEUR ■

… SON LIVRE DE CHEVET EST

DÉSORMAIS LE "CODE DU TRAVAIL" ■

✔ UNE ACTIVITÉ
✔ UN TRAVAIL
✔ UN EMPLOI
✔ UNE PROFESSION
✔ UN MÉTIER
✔ UN POSTE

✔ HORAIRE VARIABLE
✔ TEMPS VARIABLE
✔ TRAVAIL SAISONNIER
✔ TRAVAIL INTÉRIMAIRE
✔ JOURS OUVRABLES
✔ JOURS FÉRIÉS
✔ CONGÉS PAYÉS

1
2
3
4
5
6
7
8
9

✔ LE COMITÉ D'ENTREPRISE

L'ENTREPRISE ET LE DROIT

Tout salarié a droit à un congé annuel de 2,5 jours par mois de travail effectif.
Les 5 semaines de congés auquel il a droit ne peuvent être prises en une seule fois.
La durée hebdomadaire légale de travail est en France de 39 heures.

✔ LE BUREAU
✔ L'USINE
✔ L'AGENCE
✔ L'ATELIER
✔ LE MAGASIN
✔ LE CHANTIER
✔ L'ENTREPÔT

✔ LE RECRUTEMENT
✔ L'EMBAUCHE
✔ LA PROMOTION
✔ LE LICENCIEMENT
✔ LE RENVOI

✔ UN ARTISAN
✔ UN CADRE
✔ UN OUVRIER
✔ UN O.S.
✔ UN OUVRIER QUALIFIÉ

✔ UN MANŒUVRE
✔ UN P.-D.G.
✔ UN FONCTIONNAIRE
✔ UN(E) EMPLOYÉ(E)

1
2
3
4
5
6
7
8
9

✔ LES SYNDICATS
✔ LES DÉLÉGUÉS DU PERSONNEL
✔ LES PRUD'HOMMES

✔ LA GRÈVE
✔ LE CONFLIT
✔ LES NÉGOCIATIONS

LE RECRUTEMENT

1

Grâce à ces 8 témoignages, cherchez les "systèmes" qui peuvent vous permettre de trouver un emploi.

1. J'ai tout simplement décroché mon téléphone et j'ai regardé sur un petit écran les propositions.
2. J'ai tout simplement amélioré ma situation en restant dans la même entreprise.
3. J'ai passé un examen qui a sélectionné les 10 meilleurs candidats.
4. Le directeur d'une filiale m'a chaudement recommandé(e).
5. J'ai envoyé ma candidature sans savoir si l'entreprise avait un poste vacant.
6. Des personnes qui connaissaient un ami du chef du personnel m'avaient dit que cette entreprise allait avoir un poste libre...
7. J'ai lu dans le journal un encart qui proposait un poste vacant.
8. Je me suis adressé(e) à un organisme national qui centralise les demandeurs d'emploi.

a) ANPE
b) le bouche à oreille
c) la candidature spontanée
d) le concours
e) l'annonce
f) le minitel
g) le "piston"
h) la promotion interne

2

Monsieur Follet veut engager une secrétaire : trouver 2 verbes synonymes d'"engager".

1. ....   2. ....

LE PROFIL DU CANDIDAT

3

Dans l'annonce suivante, quatre adjectifs qui indiquent que les qualités et les capacités citées sont importantes ou nécessaires ont été effacés ; retrouvez-les !

– Entreprise parisienne cherche JH/JF pour service contentieux. Sérieuses connaissances en droits ....

– Anglais ... . 1re expérience .... Bonne présentation .... Envoyer CV + lettre manuscrite au journal réf. 254 658.

4 ***Monsieur Follet convoque les candidats retenus pour un entretien.***

C'est un moyen bien classique pour juger de la valeur des candidats. Connaissez-vous
4 autres techniques de sélection des dossiers reçus auxquelles ont recours certaines sociétés.

1. ....   3. ....

2. ....   4. ....

5 ***Quels sont les défauts et les qualités :***

d'une secrétaire	
DÉFAUTS	QUALITÉS

d'un vendeur	
DÉFAUTS	QUALITÉS

LES CONDITIONS DE TRAVAIL

6 ***Définissez les mots soulignés.***

Madame Martin a toujours occupé des emplois <u>précaires</u>. Elle est actuellement employée à
<u>mi-temps</u> dans une <u>PME</u>. Elle espérait pouvoir, grâce à la <u>formation continue</u>, <u>se reconvertir</u>
et obtenir un emploi à plein temps, mais elle a <u>été licenciée</u> la semaine dernière.

1. ....

2. ....

3. ....

4. ....

5. ....

6. ....

a) Quelle différence faites-vous entre :

– un "temps partiel" et un "mi-temps" ? : ....

– "licencier" et "démissionner" ? : ....

– "se reconvertir" et "se recycler" ? : ....

b) Connaissez-vous un substantif correspondant à chacun des 4 derniers verbes cités ? :

....

....

c) Cherchez un substantif de la famille de "précaire" :

....

7

"La durée hebdomadaire légale est de 39 heures de travail par semaine" : cherchez le contraire puis le substantif correspondant des adjectifs suivants :

légal ....

content ....

agréable ....

Cherchez un adjectif puis le nom d'un paiement (effectué dans ce délai exprimé) formés à partir des expressions suivantes :

par mois ....

par an ....

8

Dans ce passage du code du travail, certains mots ont été effacés ; retrouvez-les !

Le salarié peut rompre le contrat à durée indéterminée : il .... L'employeur peut aussi rompre le contrat : il .... le salarié. Le salarié bénéficie alors d'un .... : durée pendant laquelle il peut rechercher un autre emploi. Pendant la période de .... , il touchera des .... à son dernier salaire.

LES RAPPORTS SOCIAUX

Monsieur Follet espère éviter les conflits !

Les conflits dans une entreprise peuvent être nombreux :
– les revendications salariales,
– l'amélioration des conditions de travail.

9

À quels mots et quelles expressions correspondent les définitions :

1. Organisation pour la défense des salariés : ....

2. Donner une consigne pour amener les travailleurs
   à "débrayer" : ....

3. Discussion en vue d'obtenir satisfaction : ....

4. Arriver au but (pour une discussion ou un projet) : ....

5. Descendre dans la rue pour crier son insatisfaction : ....

6. Obligation pour les salariés de quitter
   l'entreprise qu'ils occupaient pendant une grève : ....

7. Délai avant de déclencher une grève : ....

8. Groupe de salariés grévistes qui empêchent
   les non-grévistes d'entrer dans l'entreprise
   pour travailler : ....

10

"Faire grève", vous connaissez bien sûr l'expression mais connaissez-vous les différentes catégories de grèves ?

1. Application tatillonne des règlements ....

2. Grève déclenchée sans préavis ....

3. Grève qui affecte successivement
   les différents départements ou secteurs ....

4. Arrêt de travail ponctuel ....

5. Grève qui affecte tous les secteurs de l'économie ....

11

Imaginez un tract syndical : utilisez, pour le rédiger, le plus grand nombre de verbes et d'expressions suivants :

ne pas être d'accord avec ...

constater ...

appeler à (la grève) ...

dénoncer ...

protester contre ...

exiger des mesures ...

réaffirmer (sa position, son refus) ...

rappeler (sa position) ...

manifester son mécontentement ...

LES PRONOMS RELATIFS SIMPLES

qui	sujet du verbe de la subordonnée	– C'est un travail **qui** lui convient.
que	complément d'objet direct du verbe	– Le poste **qu'**elle occupe est important.
dont	complément d'objet indirect	– Voici le dossier **dont** vous avez besoin.
	d'un verbe, d'un nom, d'un adjectif	– Ce sont les résultats **dont** il est fier.
		– Ce livre **dont** j'ai oublié le titre était très vieux.
où	complément de lieu	– L'entreprise **où** il travaille, recrute du personnel.

1 Complétez par le pronom relatif qui convient.

Madame Duroc cherche un emploi .... lui laisse beaucoup de temps libre ; par exemple une entreprise .... elle pourrait travailler à temps partiel. Elle souhaite aussi pouvoir utiliser les langues .... a étudiées, mais elle craint de ne pas trouver exactement le travail .... lui conviendrait et .... elle rêve.

2 Trouvez le pronom relatif.

C'est exactement l'emploi .... je cherche.

.... j'ai besoin.

.... me plairait.

3 Complétez cette lettre avec les pronoms relatifs qui conviennent.

Madame Duroc écrit à son amie pour lui raconter comment elle a obtenu un emploi.

Chère Nicole,

Je vais t'annoncer une nouvelle .... va t'étonner et te faire plaisir. J'ai trouvé l'emploi .... je rêvais. J'ai d'abord répondu à une annonce .... j'avais lue dans le journal et .... on demandait une secrétaire trilingue. J'ai écrit une lettre .... j'ai envoyée avec mon CV. J'ai appris quelques jours plus tard que ma candidature avait été retenue. Je me suis présentée au siège de l'entreprise .... j'ai été reçue par le chef du personnel .... m'a posé diverses questions .... j'ai trouvées faciles. La personne .... m'a reçue et .... j'ai oublié le nom était sympathique. Tout s'est bien passé. Je dois commencer dans une semaine. Tu imagines ma joie !

À bientôt.
Avec toute mon amitié.
Nathalie.

LES PRONOMS RELATIFS COMPOSÉS

lequel / laquelle / lesquels / lesquelles / duquel / de laquelle / desquels / desquelles / auquel / à laquelle / auxquels / auxquelles.

Ces pronoms s'utilisent après une préposition.

Exemple : l'entreprise **pour laquelle** il travaille, emploie 150 personnes.
l'agence **à laquelle** nous avons téléphoné est fermée.

Remarque : de + le = du (duquel)   à + le = au (auquel)
de + les = des (desquels)   à + les = aux (auxquels)

4 Continuez ces débuts de phrases en utilisant les pronoms relatifs composés.

Avoir un emploi est une chose ....
(on est prêt à se battre pour cet emploi)

Ce dossier contient le projet ....
(il travaille sur ce dossier depuis trois mois)

Il vient d'obtenir une promotion ....
(grâce à cette promotion, il sera plus indépendant)

Cet emploi est exactement l'occasion ....
(il comptait sur cette occasion pour montrer ses compétences)

Vous devez passer plusieurs tests ....
(vous serez jugé à partir de ces tests)

Note : On utilisera plutôt à qui / pour qui / avec qui / sans qui / sur qui
lorsque l'antécédent est une personne.
Exemple : Mes deux associés sont aussi des amis en qui j'ai toute confiance et avec qui j'ai grand plaisir à travailler.

5 Imaginez un texte de "petite annonce" où vous utiliserez c'est / ce sont + nom + relatif ; ce + nom + relatif.

C'est le risque qui vous attire.
Ce sont des responsabilités que vous souhaitez.
–
–
–
C'est le poste dont vous rêvez.

LE STYLE DIRECT ↔ LE STYLE INDIRECT

Le passage d'un style à l'autre suppose un changement de :
– modes et de temps,
– ponctuation,
– pronom personnel,
– pronom et adjectif possessif,
– mot (demain → le lendemain, hier → la veille)

verbe introducteur	Verbe au style indirect	Verbe au style direct
présent Il lui demande…	**passé composé** …s'il a réfléchi à sa proposition.	**passé composé** "Avez-vous réfléchi à ma proposition ?"
passé Il lui demanda… Il lui a demandé… Il demandait… Il avait demandé…	**imparfait** …s'il aimait son travail. **plus-que-parfait** si elle avait déjà travaillé. **conditionnel** quand je prendrais mes congés. **conditionnel passé** si j'aurais fini dans les délais.	**présent** "Aimez-vous votre travail ?" **passé-composé** "Avez-vous déjà travaillé ? " **futur** "Quand prendrez-vous vos congés ?" **futur antérieur** "Aurez-vous fini dans les délais ?"

Note : L'impératif est remplacé au style indirect par un subjonctif ou un infinitif précédé par DE.
Il lui a demandé : d'envoyer son CV le plus vite possible. "Envoyez votre CV le plus vite possible !"
qu'on lui réponde rapidement. "Répondez-moi vite !".

6

Pendant son entretien avec madame Duroc, le chef du personnel a donné certaines précisions.

"Pour cet emploi, nous avons besoin d'une personne parfaitement bilingue qui devra aussi avoir quelques années d'expérience".
"Parlez-vous plusieurs langues ? Avez-vous travaillé à l'étranger ? Serez-vous rapidement disponible ?"
"N'oubliez pas de laisser vos coordonnées !"

Réécrivez ces phrases en commençant par :

il lui précisa d'abord que pour …
puis il lui demanda …
et enfin il lui recommanda …

LES POSSESSIFS

7 Ne confondez pas "CES" et "SES"

Mauvaise humeur

"Mademoiselle, ... rapports, ... notes de service et tous ... documents sont incomplets !
D'autre part, j'ai remarqué que votre collègue a oublié ... lunettes et ... clés
sur mon bureau. Je vous prie de venir les chercher. Ensuite vous vérifierez
... lettres avant que je les signe !"

8 Complétez cette annonce.

CHASSEURS DE TÊTES

Notre intérêt est aussi le vôtre !
.... entreprise est en pleine expansion.
.... bénéfices sont en nette progression.
.... besoins ne sont pas ceux de .... concurrents.
.... projets ne sont pas non plus ....
Nous pouvons vous aider à trouver le personnel qualifié que vous souhaitez.
.... conseillers vous informeront et vous proposeront les meilleures solutions.

9 Complétez cette 2e annonce.

VOUS CHERCHEZ UN JEUNE CADRE DYNAMIQUE ?

.... profil, ... situation de famille, ... diplômes vous conviendront.
Je viens de terminer .... études.
J'ai rempli .... obligations militaires.
J'aime le risque et la mesure. J'aimerais commencer .... carrière chez vous !
J'aimerais m'intégrer à .... équipe ! Faites-moi confiance.
.... objectifs deviendront .... !
Répondez à .... annonce, je répondrai à .... attente.

LES PRÉPOSITIONS

10 Complétez à l'aide de : à, de, sans, pour, avec.

La peur du chômage

Aujourd'hui les jeunes ont peur .... ne pas trouver de travail. Il faut répondre
.... de nombreuses annonces .... avoir une chance .... trouver ce
que l'on cherche. .... diplôme et .... qualification, c'est encore plus difficile !
Mais .... beaucoup de patience, on y arrive.

43

LA LETTRE DE CANDIDATURE

Ce qu'il faut savoir sur la lettre de candidature

Son but :
1. Décrocher un entretien.
2. Justifier votre candidature (votre expérience est en rapport direct avec les activités de l'entreprise).

Sur le curriculum-vitae

ATTENTION !
Il devra accrocher l'attention des personnes chargées de recruter.

SA PRÉSENTATION :
Il doit être tapé à la machine sur une ou deux pages maximum.

Il comprend 5 parties :
* les nom, prénom, âge, adresse, indiquez si vous êtes célibataire ou marié(e).

* la formation : les diplômes obtenus et les stages suivis ;

* les langues connues (précisez courant, lu, écrit) ;

* l'expérience professionnelle : citez tous les emplois que vous avez exercés dans l'ordre ou au contraire en commençant par les plus récents pour les mettre en valeur ;

* vos loisirs, vos goûts.

• Il faut solliciter un entretien.
• N'oubliez pas qu'une entreprise peut recevoir 1000 à 50000 CV par an !
• Si vous mettez une photo, choisissez-la bien !
• Le jour de l'entretien soignez votre look ! "Plus le poste est important plus c'est un élément qui compte" (d'après l'*Expansion*).

1 Complétez les mots de cette lettre qui ont été effacés.

Votre annonce .... dans "Le Monde" du 10 décembre 1990 .... mon attention et je me permets de .... le poste de secrétaire actuellement ...
Âgée de 25 ans, ... d'un BTS de Commerce international j'ai .... une première expérience à un poste .... dans une société d'import-export de la région parisienne. Pour des raisons familiales, je me vois dans l'obligation de retrouver une situation dans la région de Strasbourg.

Vous trouverez .... mon curriculum-vitae. Afin de vous donner toutes les .... qui vous seraient utiles, je me tiens à votre .... pour me présenter à vos bureaux le jour que vous voudrez bien me ....

Dans l'attente d'une réponse favorable, je vous prie d'agréer, Monsieur le Directeur, l'expression de mes sentiments respectueux.

2 Votre candidature ayant été retenue, imaginez la lettre de convocation envoyée par l'entreprise.

3 Imaginez la lettre qui accompagne le renvoi d'un dossier qui n'a pas été retenu.

COMMENT RÉDIGER UNE ANNONCE

4 *Observez ces petites annonces et regroupez les éléments qui se rapportent :*

Ministère du Travail

afpa

Formation Professionnelle
« Enseigner votre métier »

Le centre de formation
d'ÉGLETONS - Corrèze
Recrute
**un professionnel
de l'Industrie Routière**
Profil :
**Conducteur de Travaux
Chef de secteur
Ingénieur Travaux**

5 ans d'expérience profession-
nelle au service de l'industrie
routière pour devenir
**PROFESSEUR
CHEF DE CHANTIER
T.P. ROUTES**
Renseignements :
M. Pfeiffer
Tél. 55 93 27 49
Candidature avec CV
détaillé à
**A.F.P.A.
Route de Sarran
19300 ÉGLETONS**

STÉ IMMOBILIÈRE re-
cherche, dans le cadre de
son expansion, 2 agents
commerciaux (H. ou F.). -
Expérience souhaitée. -
Tél. 73.93.89.48 pour r. v.
(M_ue DABRIGEON ou
M____) C 235737

RECHERCHE vendeuse
pâtisserie-boulangerie
confirmée. - Téléphone
55.96.83.67.

STÉ recherche 1 com-
mercial, secteur 03.58.71,
expérience souhaitée, âge
30-40 ans, connaissance
milieu du transport et travaux publics. - Envoyer CV
+ photo à HAVAS, BP 749,
03007 Moulins Cedex.
C 14454

RECHERCHE chef
d'équipe monteur char-
pente, menuiserie, poste
mobile, salaire intéressant.
- Tél. 70.20.83.32.
C 238216

IMPORTANTE SOCIÉTÉ
internationale, leader dans sa
branche, recherche représentant (H / F). Nous offrons :
haut salaire, statut VRP, produit exceptionnel, clientèle
fournie, situation d'avenir à
candidat dynamique, possibilité évolution cadre, formation
assurée. Nous attendons :
une bonne présentation, être
disponible, véhicule personnel
indispensable. - Envoyer CV
+ photo : HÉLICOLOR, 10,
rue de l'Industrie, 74105 An-
nemasse Cedex.

PME NIÈVRE
Rayon d'action FRANCE
CHERCHE
**TECHNICO-
COMMERCIAL (E)**
Age min. 30-35 ans
Rémunération motivante
Formation spécifique
assurée
Ecrire HAVAS, BP 28
58002 Nevers Cedex
785

SOCIÉTÉ DE SERVICES cherche
**secrétaire de direction
BTS ou BAC + 2**
CDD (9 mois),
anglais indispensable.
Envoyer dossier de candidature
+ prétentions à
**Paul Lemercier
BP 486
62000 ARRAS**

- au profil de l'entreprise,
- au diplôme exigé,
- aux qualités du futur candidat,
- à la rémunération,
- à la description du poste,
- à l'expérience requise,
- au contrat,
- à l'envoi de la candidature.

5 *Rédigez une annonce à l'aide des données suivantes de 2 manières différentes :*

a) très succincte dans la rubrique des employés(es) de bureau d'un journal ;
b) très développée dans une page d'annonces pour cadres dans un journal national.
Un grand groupe européen spécialisé dans l'industrie chimique recherche une secrétaire pour son siège social à Paris. À vous de préciser les diplômes exigés, les qualités requises, l'expérience souhaitée, les fonctions à remplir. Vous indiquerez les documents à envoyer, le lieu d'envoi et tout ce qui vous semble utile.

Ce qu'il faut savoir !
- Déterminez s'il s'agit d'une annonce de cadre ou d'employé(e).
- Sélectionnez les éléments importants et regroupez-les (profil de l'entreprise, de l'emploi, qualités du candidat...).
- Pour une "petite annonce" : rédigez des phrases simples, claires, précises ; puis supprimez tous les éléments inutiles pour la compréhension du message (les articles, les prépositions etc...).
- Pour un emploi de cadre vous pouvez rédiger des phrases complètes mais regroupez toujours bien les éléments et pensez à mettre en valeur certains points.

PRENDRE UN RENDEZ-VOUS

Un représentant a un produit révolutionnaire à vendre. Il veut obtenir un rendez-vous avec le responsable des achats. Il insiste, mais la secrétaire est méfiante et elle a des ordres.

 OUTILS !

J'aimerais rencontrer le responsable des achats. Serait-il possible que Monsieur Florent me reçoive aujourd'hui ?
Le lundi 15 mai à 15 heures lui conviendrait-il ?

 GUIDE

Quels arguments peut utiliser le représentant pour amener la secrétaire à lui accorder un rendez-vous ?

JUSTIFIER

Une candidate au poste de secrétaire essaie au cours de l'entretien de présélection de prouver à Monsieur Follet qu'elle a toutes les qualités et compétences requises pour le poste proposé.

 OUTILS !

Je pense correspondre tout à fait au profil que vous recherchez.
Étant donné mon expérience je pense être en mesure de répondre à votre attente.

 GUIDE

Dresser la liste des qualités d'une bonne secrétaire (voir exercice 5 des activités lexicales)

EXPRIMER UNE VOLONTÉ

Le chef d'entreprise explique au candidat retenu pour le poste d'agent commercial ce qu'il attend de lui : il doit vraiment être "la perle" !

 OUTILS !

J'ai besoin de quelqu'un qui sache vendre et qui connaisse parfaitement le marché.
... quelqu'un qui puisse s'adapter...
Je veux doubler mon chiffre d'affaires en 2 ans.
Il est important que vous soyez méthodique et rigoureux dans votre travail.

RASSURER

Monsieur Follet veut engager un directeur commercial ; celui-ci a une grande expérience mais n'ose pas s'engager avec lui : l'entreprise est récente, monsieur Follet peut-il lui garantir la sécurité de l'emploi et un salaire confortable ? Monsieur Follet le rassure sur ses craintes.

 OUTILS !

Vous verrez, vous vous adapterez parfaitement !
Soyez sûr que nous nous entendrons parfaitement !
Je vous assure que vous aurez une augmentation après un an d'ancienneté.
Rassurez-vous, nous nous appuyons sur une solide étude de marché.
Soyez assuré que nous vous assurons la stabilité de l'emploi.

EXPRIMER SON MÉCONTENTEMENT

Le directeur, le comité d'entreprise, les délégués du personnel d'une entreprise sont réunis pour négocier une augmentation de salaire et de meilleures conditions de travail. Ils semblent avoir de grosses difficultés à trouver un accord.

 OUTILS !

C'est inadmissible !
C'est inacceptable !
Il n'est pas question que nous revenions sur nos précédents accords.
Il est absolument impossible de prévoir actuellement...
Il est tout à fait regrettable que vous n'ayez pas respecté vos engagements !

Ces phrases ont été coupées en deux. Êtes-vous capable de les reconstituer et ensuite de définir clairement les mots soulignés ?

1. Les ouvriers en grève réclament non seulement l'augmentation de leur salaire ....

2. La candidature de madame Ferral a été retenue et ....

3. En raison de la crise économique, l'entreprise Maro et cie a moins de commandes et ....

4. De plus en plus de femmes veulent travailler tout en gardant du temps libre ....

5. La durée hebdomadaire de travail des Français est de 39 heures ....

6. La situation des <u>cadres moyens</u> en contact permanent avec le <u>main d'œuvre</u> d'exécution ....

7. Monsieur Ferniot ayant démissionné, ...

8. Pour pouvoir toucher ses <u>indemnités</u>, un chômeur doit ....

9. La différence entre le salaire brut et le <u>salaire net</u> est importante ....

10. Les travailleurs intérimaires, les saisonniers n'occupent pas de poste fixe ....

a) .... son poste est vacant.

b) .... le directeur a dû mettre au <u>chômage partiel</u> une partie du personnel.

c) .... mais encore l'amélioration de leurs conditions de travail.

d) .... mais il reste difficile en France de trouver un travail à temps partiel.

e) .... et ils disposent de 5 semaines de congés annuels et de 11 jours fériés légaux.

f) .... elle a été convoquée à un entretien avec le chef du personnel.

g) .... et connaissent la précarité de l'emploi.

h) .... en raison des <u>charges sociales</u> qui s'élèvent à 18 %.

i) .... se présenter régulièrement aux guichets de l'<u>ANPE</u>.

j) .... exige de réelles qualités humaines.

1	2	3	4	5	6	7	8	9	10

LA PUBLICITÉ ET L'ENTREPRISE

PÊLE-MÊLE

COMMENT FAIRE CONNAÎTRE À TOUS LES HOMMES D'AFFAIRES QUE LA SOCIÉTÉ SF PLUS A MIS AU POINT ET COMMERCIALISE L'ATTACHÉ-CASE INDISPENSABLE À TOUS LES HOMMES D'AFFAIRE ? ■ MONSIEUR FOLLET S'ADRESSE À UN PUBLICITAIRE ET PARTICIPE À TOUTES LES MANIFESTATIONS COMMERCIALES :

– LE SICOB ■

– LES FOIRES EXPOSITIONS ■

– LES SALONS DE L'ENTREPRISE ■

✔ LA PUBLICITÉ DE LANCEMENT
✔ LA PUBLICITÉ DE PRESTIGE
✔ LA PUBLICITÉ COLLECTIVE
✔ LA PUBLICITÉ DIRECTE
✔ LA PUBLICITÉ RÉDACTIONNELLE

✔ LE MÉCÉNAT D'ENTREPRISE
✔ LE SPONSORING

✔ LA CAMPAGNE
✔ LA DÉMONSTRATION
✔ LA PROMOTION
✔ LA RÉCEPTION
✔ LA VISITE D'USINE
✔ LA CONFÉRENCE DE PRESSE
✔ LE COMMUNIQUÉ À LA PRESSE
✔ L'ENQUÊTE
✔ LES RELATIONS PUBLIQUES

✔ LE CONDITIONNEMENT

✔ LES AFFICHES
✔ LES IMPRIMÉS
✔ LES PROSPECTUS
✔ LES DÉPLIANTS
✔ LES CATALOGUES
✔ LES CIRCULAIRES
✔ LES CARTES D'INVITATION

L'ENTREPRISE ET LE DROIT

La publicité mensongère est sanctionnée par une peine d'emprisonnement ainsi que par une amende. De plus, l'auteur de l'infraction doit faire publier le texte du jugement et diffuser une annonce dans la presse pour rectifier les précédentes affirmations. Des instituts nationaux vérifient que les affirmations des textes publicitaires sont justes et que les images et commentaires ne portent pas atteinte à la moralité et aux institutions.

✔ LE LOGO
✔ LES CADEAUX
✔ LES ÉCHANTILLONS
✔ LES SPOTS
✔ LES ENCARTS
✔ LES SLOGANS
✔ LES ACCROCHES

✔ LES FOIRES
✔ LES EXPOSITIONS
✔ LES SALONS
✔ LE SICOB
✔ LES MÉDIAS

✔ LES COMMANDITAIRES
✔ LES ANNONCEURS
✔ LES PUBLICITAIRES
✔ LES CONSOMMATEURS

✔ LA FORCE DE VENTE
✔ L'INNOVATION
✔ L'IMAGE DE MARQUE
✔ LA RENTABILITÉ
✔ LA COMPÉTIVITÉ
✔ LA MOTIVATION
✔ LA CONCURRENCE

✔ LES EXPOSANTS
✔ LES VISITEURS

1
2
3
4
5
6
7
8
9

ACTIVITÉS LEXICALES

PUBLICITÉ ET CONSOMMATION

1

Établissez le questionnaire type.

Vous êtes chargé de faire une enquête auprès des consommateurs pour aider M. Follet à cibler la clientèle possible de son nouveau produit.

	Rayez la mention inutile
1. Souhaitez-vous essayer un produit avant de l'acheter ?	parfois / toujours / jamais
2.	
3.	
4.	
5.	
6.	

2

Quelles sont les différences entre ces diverses formes de publicité ?

(Appuyez-vous sur des exemples précis).

– la publicité rédactionnelle,
– la publicité de lancement,
– la publicité de rendement,
– la publicité collective,
– la publicité de prestige,
– la publicité directe,
– la publicité de marque.

LA CAMPAGNE PUBLICITAIRE

3

Monsieur Follet veut lancer son nouveau produit à l'aide d'une campagne publicitaire.

Remettez dans l'ordre les différentes étiquettes pour retrouver les étapes de son action.

1
Mettre au point un conditionnement attractif.

2
Cibler le produit potentiel.

3
S'adresser à un publicitaire.

5
Choisir des supports.

4
Évaluer le coût et la rentabilité de l'opération.

6
Connaître les tendances du marché.

8
Enquête sur les besoins et les motivations des consommateurs.

7
Élaborer un projet.

9
Cibler et dessiner le profil du consommateur potentiel.

10
Organiser une promotion des ventes chez les détaillants.

12
Acheter des espaces publicitaires.

11
Envoyer des circulaires aux distributeurs.

LES MOYENS ET LES SUPPORTS

4 — Choisissez la bonne définition pour chacun des mots suivants :

1) un salon 2) une foire 3) une exposition 4) un stand 5) un prospectus 6) un échantillon 7) une circulaire 8) une affiche.

a) Présentation publique des produits d'un fabricant ou d'un groupe de fabricants.

b) Exposition périodique où sont présentés au public des échantillons des diverses marchandises proposées.

c) Avis publicitaire placardé dans des lieux publics (en général dans des emplacements réservés à cet effet).

d) Exposition spécialisée, publique et souvent annuelle où l'on présente de nouveaux modèles.

e) Information reproduite en plusieurs exemplaires et adressée simultanément à de nombreuses personnes.

f) Petite quantité d'un produit permettant d'en apprécier les qualités.

g) Espace réservé aux participants d'une exposition.

h) Imprimé publicitaire donnant un aperçu d'un produit et de ses conditions de vente.

5 — Diffuser des messages à la radio est un moyen de faire connaître un produit.
Citez trois autres moyens que M. Follet pouvait utiliser :

-

-

-

ACCROCHES, SLOGANS, FORMULES

6

"Phrases choc et formules qui claquent" ..., *certains slogans sont restés dans nos mémoires.*

> "Un verre ça va, trois verres bonjour les dégâts !" (1984).
> (campagne pour lutter contre l'alcoolisme au volant).
> "Un petit clic vaut mieux qu'un grand choc !" (1980).
> (la prévention routière, pour le port de la ceinture de sécurité).
> "T'as le ticket chic. T'as le ticket choc" (RATP 1982).

À votre tour, inventez des phrases choc.

Pour une nouvelle lessive.
Pour une assurance vie.
Pour un parfum masculin.
Pour une marque d'ampoules électriques.

7

À partir de ces noms de journaux et de magazines, créez une affiche en faveur de la presse.

Trouvez la mise en place.
Trouvez une accroche.
Trouvez un slogan.

LES PRONOMS PERSONNELS COMPLÉMENTS

		1re personne	2e personne	3e personne
Singulier	COD COI	ME ME. MOI Est-ce que tu _me_ comprends ? Il _me_ l'a promis. Il travaille avec _moi_.	TE TE. TOI Je _t'_ai vu. Je _te_ le donne. Il travaille pour _toi_.	LE. LA L'. LUI. SOI Je _la_ prends. Je _lui_ parle. Chacun pour _soi_.
Pluriel	COD COI	NOUS Il _nous_ aide beaucoup. Il _nous_ l'a dit.	NOUS Il _vous_ appelle. Je _vous_ le confirmerai.	LES LEUR, EUX, ELLES Je _les leur_ ai envoyés. Nous avons besoin _d'eux_.

EN ET Y (PRONOMS ADVERBIAUX)

EN = de cela
Y = à cela

"Y" remplace un complément d'objet indirect construit avec "à"
"EN" remplace un complément d'objet indirect construit avec "de"

Exemples :
– je vais vous parler de _votre dernière campagne publicitaire_ → je vais vous **en** parler.
– je pense déjà à _notre prochaine campagne_ → j'**y** pense déjà.

Ces pronoms peuvent remplacer toute une proposition.
Exemple : avez-vous pensé à apporter quelques prospectus ? → non, mais j'**y** penserai.
(je penserai à apporter quelques prospectus).

PLACE DES PRONOMS DANS LA PHRASE

a) Pronom COI + COD + verbe.
– Pouvez-vous m'envoyer votre catalogue ?
  Oui je **vous l'**envoie dès aujourd'hui.

b) Pronom COD + **lui / leur** + verbe.
– Avez-vous envoyé le catalogue à M. Martin ?
  Oui je **le lui** ai envoyé.

c) Avec un impératif : verbe + pronom COD + pronom COI.
– Envoyez-**le-lui** (Ne le lui envoyez pas) !
– Envoyez-**le-nous** (Ne nous l'envoyez pas !).
– Envoyez-**m'en** un (Ne m'en envoyez pas) !

Remarque : on ajoute un "s" aux impératifs en "e" et "a" devant **y** et **en**.
Exemple : Va**s**-y ! Achète**s**-en un !

1 Complétez le texte par les pronoms qui conviennent.

L'entreprise a besoin de la publicité ; elle .... a besoin pour lancer ou promouvoir un produit ; la publicité peut aussi .... permettre de conforter son image de marque ; elle peut même .... modifier si c'est nécessaire. C'est pourquoi l'entreprise .... consacre souvent un budget important.

Oui, la publicité aujourd'hui, il serait difficile de s'.............. passer ! Beaucoup d'entreprises sont présentes dans les foires, salons ou expositions ; elles .... participent d'abord pour rencontrer directement les consommateurs, car elles savent souvent que c'est à .... qu'il faut plaire, il faut les séduire et .... convaincre. Aujourd'hui, les consommateurs ont un pouvoir. Aucune entreprise ne peut .... négliger.

2 Répondez aux questions suivantes sans répéter les mots soulignés.

– Avez-vous proposé à <u>M. Monceau les slogans</u> que nous avons imaginés ?
– Avez-vous montré <u>aux exposants les emplacements</u> choisis pour leur stand ?
– Avez-vous offert à <u>chaque visiteur un cadeau de bienvenue</u> ?
– Avez-vous envoyé <u>le projet de campagne à notre commanditaire</u> ?

3 Imaginez la fin de ces slogans en mettant le verbe entre parenthèses à l'impératif.

– Nos nouveaux modèles sont arrivés .... ! (essayer).
– En septembre, nous faisons des promotions .... ! (profiter).
– L'énergie est précieuse .... ! (économiser).
– Nos biscuits au chocolat ont encore plus de chocolat .... ! (goûter).
– Le salon de l'automobile, tout le monde y va .... vous aussi ! (aller).

4 ### *Répondez aux questions suivantes :*

– avez-vous envoyé des cartes d'invitation à nos clients ?
– votre maison participera-t-elle au prochain salon ?
– avez-vous pensé à prévenir les associations de consommateurs ?
– avez-vous déjà visité plusieurs stands ?
– vous rendrez-vous à la foire d'automne ?

5 ### *Trouvez ce qui remplace EN dans les phrases suivantes en vous aidant des mots de la colonne de droite.*

– On **en** envoie encore aux clients pour qu'ils jugent de la qualité du produit. des messages.
– On **en** placarde sur les murs. des concours.
– Quand on **en** reçoit, on aurait tort de ne pas en profiter. des affiches.
– On **en** diffuse à longueur de journée sur certaines stations de radio. des échantillons.
– Celui qui **en** fait, peut gagner ! des prospectus.
– On **en** trouve même sur son pare-brise. des enquêtes.
– On **en** fait souvent pour connaître les goûts du public. des cartes d'invitation.

6 ### *Trouvez la question.*

– .... ? Non, je m'y oppose !

– .... ? Bien sûr que les consommateurs s'**en** rendent compte !

– .... ? Notre annonceur ne s'y attendait pas.

– .... Je n'**en** doute pas !

– .... ? J'**en** suis sûr, absolument sûr !

VERBES + à

Certains se construisent avec le pronom personnel complément d'objet indirect (COI) placé avant : écrire à, parler à, sourire à, conseiller à, indiquer à, convenir à, faire du tort à, plaire à, confier à, permettre à ...
Exemple : ce soir, elle parle **à ses collaborateurs** ? Oui, elle **leur** parle.

D'autres se construisent avec le pronom personnel COI placé après la préposition : faire attention à, s'adresser à, se prendre à, penser à, s'avouer à, tenir à, être attaché à, s'intéresser à.
Exemple : votre campagne s'adresse d'abord **aux enfants** ? Oui, elle s'adresse d'abord **à eux**.

7 Terminez les phrases suivantes à l'aide de verbes correctement accordés.

– Toi et moi, ...

– Vous et nous, ...

– Elle et lui, ...

– Vous et elle, ...

8 Complétez ces messages à l'aide de pronoms accentués.

Ayez confiance en .... , vous ne serez pas déçu !

Habillé comme çà, je suis vraiment ....

C'est .... que vous devez écouter.
Madame Irma ne se trompe jamais.

LES PRÉPOSITIONS

9 Complétez.

Publicité pour la publicité

Les enfants l'adorent. Les adultes la regardent .... plaisir, amusement, ou agacement, ou bien encore .... y faire attention. En tout cas, on ne peut échapper .... son emprise : elle est partout .... nos murs, ... le bus, le métro ; elle remplit nos magazines, on l'entend .... toutes les ondes, on la voit .... toutes les chaînes de télévision. Elle aide .... vendre, elle force .... acheter. On s'attaque .... elle parfois, on la critique, on la conteste, mais elle nous soumet .... sa loi ! Elle arrive .... nous convaincre et il lui arrive même .... nous séduire. On finit par s'habituer .... elle, on s'y habitue même si bien qu'on ne peut plus s'en passer !

LA LETTRE CIRCULAIRE

Quelques conseils.

N'oubliez pas qu'une lettre circulaire est une *même lettre envoyée à de nombreuses personnes* .

Grâce à un fichier clientèle, la date d'envoi, la suscription et l'appellation seront rajoutées pour personnaliser le texte.

La circulaire d'information doit être claire et précise.

La circulaire publicitaire doit accrocher l'intérêt immédiatement et peut être plus "originale".

1 La circulaire publicitaire.

1. Reconstituez le texte authentique en retrouvant l'ordre des paragraphes suivants :

Chère Madame,

a) "Les pleins soleils de PEUGEOT" vous réservent bien d'autres avantages :
– des conditions de reprises exceptionnelles ;
– jusqu'à 90 % de réduction sur les options ;
– et beaucoup d'autres offres comme le financement qui vous permet de passer l'été sans rien payer.

b) Dans l'attente de vous accueillir, et de vous offrir personnellement le sac-reporter indiana que je vous ai réservé, croyez, chère Madame, à l'expression de mes sentiments dévoués.

c) Vous pourrez prendre le temps d'apprécier, pendant ces deux semaines ensoleillées, la diversité de notre gamme qui s'enrichit encore avec la nouvelle 309 GRAFFIC à l'équipement complet, et la 405 STI/STDT avec ses sièges cuir...

d) Nous organisons du 19 juin au 2 juillet inclus, un événement riche en couleurs pour vous présenter nos nouveaux modèles et vous offrir des avantages exclusifs : "les pleins soleils de PEUGEOT".

e) Et en plus, vous pouvez gagner une 205 STYLE, si le numéro de la vignette se trouvant sur votre lettre est l'un des 12 numéros gagnants figurant sur la liste officielle que vous pourrez découvrir chez votre concessionnaire.

1	2	3	4	5

2. Quel est le plan de cette lettre ?

2 La circulaire d'information

Complétez la lettre suivante à l'aide des mots ou expressions proposés :

Nous avons le (1) .... de vous annoncer la sortie de nouveaux (2) .... qui seront commercialisés (3) .... 1er avril (4) .... ; cette occasion nous avons décidé d'organiser une journée (5) .... afin de vous les présenter le 10 mars (6) ....

Vous trouverez ci-joint deux invitations exclusivement (7) .... nos (8) .... clients.

Nous espérons que vous (9) .... un accueil favorable à ces nouveautés et que vous continuerez à nous (10) .... de votre confiance.

1 a) regret b) plaisir c) joie	2 a) gammes b) types c) modèles
3 a) à compter du b) depuis le c) seulement le	4 a) dès b) pour c) à
5 a) portes ouvertes b) rencontre c) exposition	6 a) à l'avance b) en avant-première c) en primeur
7 a) exprès pour b) réservées à c) données pour	8 a) meilleurs b) gentils c) préférés
9 a) recevrez b) donnerez c) réserverez	10 a) honorer b) donner c) faire part

3 Rédigez une circulaire pour un nouveau magazine destiné aux 15/20 ans.

Attention à bien déterminer :
– les qualités du magazine ;
– les avantages proposés aux nouveaux abonnés.

LE COUPON-RÉPONSE

4 Observez le bon de commande, la demande de documentation et complétez.

TARIF
❹

Ne pas
❷

❸
ICI
MERCI

Pour faire le point gratuitement

☐ Je souhaite avoir un entretien avec un conseiller Meescheart pour faire le point sur mes placements, gratuitement et **❶**

☐ Je désire recevoir la plaque

M. ☐, Mme ☐, Mlle
Nom (en majuscule)
Prénoms
Profession (ou ancienne)
Date de naissance   Ru
Adresse : N°
Code postal
Ville
Tél. domicile
Tél. bureau

L'EXPORTATION

46, RUE LA BOÉTIE
75381 Paris Cedex 08

TITRE D'ABONNEMENT PRIVILÉGIÉ

200 F D'ÉCONOMIE + UN CADEAU

OUI, je désire recevoir dans l'année : 10 numéros du magazine l'EXPORTATION + 50 numéros de chaque lettre d'information hebdomadaire + 4 dossiers hors-série.
Je bénéficie d'un tarif **❺** 1150 F au lieu du prix normal de 1350 F, et je recevrai en cadeau un planisphère panoramique (126 x 83 cm).
☐ Ci-joint mon réglement par chèque bancaire ou CCP.
☐ Je réglerai à réception de votre facture, et recevrai ensuite mon cadeau.

Nom :
Prénom :
Fonction :
Société :
Adresse :   Signature
Code Postal :
Ville :
Date :
Offre valable jusqu'au 31.12.90
RC PARIS

COMPLÉTEZ !

1 ....
2 ....
3 ....
4 ....
5 ....
6 ....
7 ....
8 ....
9 ....
10 ....

CORRESPONDANCE-RÉPONSE

❻   du : 02.02.90
           au : 01.02.91

À utiliser seulement en France
❼ et dans les départements
d'Outre-Mer.

☐ **❽** avec moi pour une démonstration.
☐ Me faire parvenir une documentation.

Une seule adhésion **❾** offre valable dans la limite des stocks **❿** jusqu'au 31/07/1990 et réservée aux non-adhérents.

5 L'avis de convocation.

– Donnez la définition d'un avis de convocation.
– Citez quelques circonstances pour lesquelles il est utilisé ?
– Quels éléments doivent y apparaître ?

6 À vous !

Dans le cadre de la commercialisation prochaine d'un nouvel ordinateur, le département commercial de la société MUTOR organise les 23 et 24 janvier une formation pour tous les agents commerciaux de la société. Concevez l'avis de convocation et le coupon-réponse correspondant, destiné à prévenir les agents commerciaux.

EXPRIMER UNE NÉCESSITÉ

Le responsable commercial et le patron d'une PME qui fabrique des montres discutent de la nécessité de restructurer l'entreprise pour faire face à la concurrence.

 **OUTILS !**

Je tiens à vous rappeler que ...
vous ne pouvez éviter de ...
nous avons senti la nécessité de...

 GUIDE

Faire une étude de marché, cibler la clientèle, faire appel à la publicité, analyser le réseau de distribution. Licencier, recycler le personnel.

DÉCRIRE

Monsieur Follet décrit au directeur de l'agence de publicité qu'il a contacté, les qualités de son "attaché-case PLUS" et ce qu'il attend de l'affiche qui le présentera au public.

▷ **OUTILS !**

En raison de sa taille...
En ce qui concerne la manipulation...
Quant à son prix...
Au premier plan... sur la gauche...

▷ **GUIDE**

Recherchez tous les accessoires que l'on peut transporter dans un attaché-case et imaginez une publicité qui vanterait les mérites de l'"'attaché-case PLUS".

ARGUMENTER

Monsieur MASSON fait appel à une agence de publicité pour lancer un micro-ordinateur portable. Un(e) employé(e) vient lui présenter son projet et lui explique qu'il sera efficace.

▷ **OUTILS !**

D'une part... d'autre part...
D'abord... ensuite...
Je me permets d'insister sur le fait que...

▷ **GUIDE**

Vous devrez argumenter sur le fait que ce projet attire bien l'attention du consommateur ciblé et qu'il l'incite à l'achat immédiat.

INVITER

Un commercial rend visite à ses clients et leur remet des cartes d'invitation pour se rendre à la foire exposition qui aura lieu le mois suivant à Lyon et dans laquelle l'entreprise pour laquelle il travaille aura un stand.

▷ **OUTILS !**

J'espère pouvoir vous compter au nombre de nos visiteurs...
Je compte sur votre visite (présence)…
Nous serions heureux (ravis) de vous accueillir...

▷ **GUIDE**

Imaginez plusieurs clients et justifiez pourquoi vous seriez enchantés de les recevoir à cette occasion (présentation en avant-première de nouveautés)

SUGGÉRER

En tant que représentant d'une grande entreprise internationale de produits pharmaceutiques, vous suggérez à un député de proposer aux élus locaux que cette firme s'implante sur un site forestier jusque là resté sauvage. Ce site est à proximité d'une grande agglomération.

▷ **OUTILS !**

Je suppose que...
Vous n'ignorez sans doute pas...
Vous n'êtes pas sans savoir que...
Que penseriez-vous de...

▷ **GUIDE**

Recherchez les avantages que représenterait une telle implantation pour la région afin de lui donner envie de proposer et défendre votre projet et de devenir votre porte-parole auprès des élus locaux.

Faites le point

Les mots croisés

Trouvez les définitions qui correspondent à chaque mot vertical et horizontal.

Exemples : 1. Ils se regroupent en association pour être plus forts.
A. Elle est sur tous les murs.

A
1. CONSOMMATEURS

B **C**
2. COMMANDITAIRES

D

E
3. EXPOSITIONS

F **G**
4. ACCROCHE

H **I**
5. ANNONCEUR

J
6. INNOVATION

K
7. IMAGE

8. DEPLIANT

9. SALON

10. CAMPAGNES

Vertical letters:
A: AFFICHE
B: CIRCULAIRE
C: SPONSOR
D: FOIRE
E: SLOGAN
F: LOGO
G: ENCART
H: LAMCEMENT
I: MTIVAT
J: PROSPECEU

61

LE SECRÉTARIAT ET L'ENTREPRISE

PÊLE-MÊLE

L E SECRÉTARIAT DE MONSIEUR
FOLLET, DEVANT LE SUCCÈS
QUE REMPORTE
"L'ATTACHÉ-CASE PLUS",
CONNAÎT UNE ACTIVITÉ FÉBRILE ■
MADAME FERRAL,
LA SECRÉTAIRE DE DIRECTION,
N'A PAS
UN INSTANT DE RÉPIT ■
LE TÉLÉPHONE, LE COURRIER,
LES FACTURES, L'ACCUEIL
DES CLIENTS, LA TENUE
DU FICHIER CLIENTÈLE ... ■
LES TÂCHES SONT NOMBREUSES■

1 2 3 4 **5** 6 7 8 9

✔ LE TRI
✔ L'ENTRÉE DES DONNÉES
✔ LA SAISIE DES DONNÉES
✔ LE TRAITEMENT DE L'INFORMATION

✔ LA TÉLÉCOPIE
✔ LA RADIO TÉLÉPHONIE
✔ L'ARCHIVAGE
✔ LA CORRESPONDANCE
✔ LA PLANIFICATION

✔ LA SECRÉTAIRE DE DIRECTION
✔ LA SECRÉTAIRE
✔ LA DACTYLO
✔ L'ASSISTANTE DE DIRECTION
✔ L'ANALYSTE PROGRAMMATEUR

- ✔ LA BUREAUTIQUE
- ✔ L'INFORMATIQUE
- ✔ LA TÉLÉMATIQUE
- ✔ LA TÉLÉCOMMUNICATION INFORMATIQUE
- ✔ LA MÉSSAGERIE ÉLECTRONIQUE
- ✔ LE VIDÉOTEXTE
- ✔ LE FAX

L'ENTREPRISE ET LE DROIT

Dans les entreprises, les salariés bénéficient d'un droit à l'expression. Ils élisent des délégués du personnel (entreprise de plus de 10 salariés), et un comité d'entreprise (entreprise de 50 salariés). Ils n'ont pas de pouvoir de décision mais un pouvoir de consultation. Un conseil de prud'homme élu par les employés et les employeurs peut régler par voie de conciliation ou de jugement un différent entre employeur et salarié.

- ✔ UNE IMPRIMANTE
- ✔ UNE MACHINE À AFFRANCHIR
- ✔ UNE MACHINE À OBLITÉRER

- ✔ UN BUREAU
- ✔ UN TERMINAL
- ✔ UN MICRO-ORDINATEUR
- ✔ UN CLAVIER
- ✔ DES DISQUETTES
- ✔ UN TÉLÉCOPIEUR
- ✔ UN RÉPONDEUR-ENREGISTREUR

- ✔ LA TÉLÉCONFÉRENCE
- ✔ LE VISIOPHONE

- ✔ DES ENVELOPPES À FENÊTRE
- ✔ UN AGENDA
- ✔ DES DOSSIERS
- ✔ DES CHEMISES

- ✔ UNE AGRAFEUSE
- ✔ UN DATEUR
- ✔ UN TAMPON
- ✔ UN PAPIER À FENÊTRE

1
2
3
4
5
6
7
8
9

LA JOURNÉE D'UNE SECRÉTAIRE

1 Choisissezez le mot qui convient parmi ceux qui vous sont proposés.

a) Le nom sous lequel l'entreprise est connu est :
le siège social   la raison sociale   la charge sociale

b) Le courrier est réparti dans les différents services :
il est trié   dépouillé   enregistré

c) Le mot "Cedex" est :
un sigle   un logo   une abréviation

d) Le courrier prêt à l'envoi est :
enregistré   oblitéré   affranchi

e) Le téléphone sonne, la secrétaire décroche :
l'appareil   le combiné   la poignée

f) La science qui adapte le travail à l'homme s'appelle :
la bureautique   la domotique   l'ergonomie

g) À son arrivée, le personnel doit :
pointer   composer   indiquer

h) Dans un mois l'entreprise va adopter l'horaire :
souple   flexible   variable

i) Chacun devra respecter :
une plage horaire fixe   un délai fixé   un planning horaire fixe

2 Tous ces verbes ont un rapport avec la signature, mais connaissez-vous leur définition ?

Signer ....

Endosser ....

Émarger ....

Contresigner ....

Soussigné(e) ....

Parapher (ou parafer) ....

FORMULER UN PROJET

Un homme d'affaires très connu et un animateur vedette organisent à la télévision une émission dans laquelle des jeunes qui veulent créer une entreprise viennent présenter et défendre leur projet.

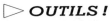

▷ OUTILS !

J'envisage de ....(inf)
J'ai l'intention de ....(inf)
Il est possible que nous ....(subj)

▷ GUIDE

Définissez bien le projet avant de commencer (production / vente, taille de l'entreprise, produit, clientèle ciblée...).

EXPRIMER UNE OBLIGATION

Vous êtes conseiller juridique et vous conseillez un futur créateur d'entreprise sur les différents statuts juridiques possibles et vous insistez sur les obligations propres à chaque forme.

▷ OUTILS !

Vous êtes contraint de ....(inf)
Il est indispensable de (inf) .... que... (subj)
Je tiens à vous rappeler que ....(ind)

▷ GUIDE

Préparez un tableau avec les formes de sociétés que vous connaissez et leur fonctionnement.

DEMANDER UNE INFORMATION

Vous êtes sur le stand d'une foire-exposition et vous demandez des renseignements sur les produits présentés.

CONSEIL

Choisissez un produit précis avant de commencer.

▷ OUTILS !

Pourriez-vous m'expliquer comment... / Auriez-vous l'amabilité de m'indiquer / J'aimerais savoir si...
Serait-il possible d'envisager une démonstration à domicile ?

▷ GUIDE

Choisissez un produit précis dont vous aurez défini les avantages.

COMPARER

Un client s'intéresse à un nouveau produit commercialisé depuis peu. Le vendeur présente le produit en le comparant avec les produits concurrents que le client connaît sans doute déjà.

▷ OUTILS !

Quelle différence avec ... / En comparaison avec ...
De même que ... / Ainsi que ... / D'autant plus que ... /
Moins que ... / Selon que ... (subj).

▷ GUIDE

Définissez un produit, faites une liste de tous les adjectifs et de toutes les qualités qui peuvent lui être associés.

PRÉSENTER

Le chef des relations publiques présente l'entreprise dans laquelle il travaille à un visiteur étranger et commente l'organigramme de l'entreprise afin de lui expliquer l'importance de chaque département.

▷ OUTILS !

Puis-je vous présenter ...
Permettez-moi de vous présenter ...
J'ai le plaisir de vous faire connaître ...
J'aimerais vous faire découvrir ...

▷ GUIDE

Le chef des relations publiques est empressé et très aimable, le visiteur semble blasé et ne rien trouver de bien nouveau dans cette entreprise.

1
2
3
4
5
6
7
8
9

LA CARTE DE VISITE

5

Observez ces 2 cartes et répondez aux questions suivantes :

a) quelles indications sont mentionnées ?

b) dans quelles circonstances utilise-t-on ces cartes ?

c) à quelle personne est le verbe ?

INTRADOMUS

MEUBLES - DÉCORATION - ARCHITECTURE INTÉRIEURE

Patrick LEFEVRE
Directeur commercial

Sophia-Antipolis 1254, route de la Valmasque - CD 35 -
06560 VALBONNE - Tél. 92 96 09 09

Martine BUSQUET

*Vous remercie de la confiance
que vous avez bien voulu lui accorder.
Cordialement.*

place du Général de Gaulle
38000 Grenoble
Tél. 76. 36. 96. 65.

---

carte professionnelle	carte personnelle
a)	a)
b)	b)
c)	c)

CE QU'IL FAUT SAVOIR ▷ ▷ ▷
- ■ la carte de visite n'est pas signée.
- ■ RSVP signifie "Répondez s'il vous plaît".

6

Complétez les cartes suivantes :

MIREILLE ET HERVÉ MASSON

vous .... bonne .... du chèque
de 350 F, en .... du dictionnaire reçu ce
jour.

3, rue des roses.59000 LILLE

PIERRE FLORENT

.... recevoir dans les meilleurs ....
une documentation .... sur votre
.... de produits.

78, rue Rodin. 69000 LYON

INTRADOMUS

.... heureux de vous .... sur son
stand .... lors du .... du meuble qui
.... du 15 au 26 avril.

Sophia-Antipolis 06560 VALBONNE

1
2
3
4
5
6
7
8
9

17

L'INFORMATISATION

3

L'ordinateur : pouvez-vous indiquer le nom correspondant aux numéros ci-dessous ?

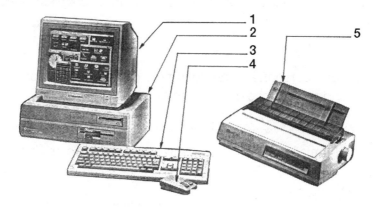

4

Complétez le texte ci-dessous.

L'imprimante et le lecteur de disquette sont des (1) ....
La secrétaire utilise le plus souvent un (2) .... qui permet d'utiliser l'ordinateur comme une machine à écrire ; mais une machine qui serait beaucoup plus performante ; c'est un (3) .... Un autre (2) .... très utilisé dans un bureau est le (4) .... (c'est-à-dire tous les renseignements concernant le stock, la clientèle, etc.). La personne qui entre et sort des informations (appelées (5) ....) est un (6) .... ou une (7) .... de (8) ....

a) données   b) fichier   c) logiciel
d) opérateur   e) opératrice   h) traitement de texte
f) périphériques g) saisie

LES TÉLÉCOMS

5

Voici quelques devinettes qui portent sur les services des télécoms. Connaissez-vous les solutions ?

a) Il permet d'appeler gratuitement des entreprises de n'importe quel poste public ou privé. Il est très utile dans le cadre d'actions commerciales ou publicitaires.

Qu'est-ce que c'est ?...

b) Grâce à elle, vous pouvez passer des appels téléphoniques à partir d'un publiphone sans argent.

Qu'est-ce que c'est ?...

c) Elle vous permet de téléphoner sans monnaie de n'importe quel poste ou cabine téléphonique (en France comme à l'étranger), à condition que vous ayez pris un abonnement annuel. Le coût des communications est automatiquement imputé sur votre prochaine facture.

Qu'est-ce que c'est ? ....

d) Il permet de laisser un message en cas d'absence aux éventuels correspondants qui eux aussi pourront vous laisser un message et leurs coordonnées. Ils peuvent parfois être interrogés à distance.

Qu'est-ce que c'est ? ....

e) Il avertit une personne en déplacement grâce à un récepteur portatif quand un correspondant cherche à la contacter.

Qu'est-ce que c'est ? ....

f) Il permet la mise en relation de plusieurs personnes en France ou à l'étranger (jusqu'à 20 correspondants)

Qu'est-ce que c'est ? ....

g) Il permet d'accéder à un ensemble de services (agences de voyages, SNCF, entreprises commerciales et industrielles). Grâce à lui, vous pouvez réserver votre billet d'avion, commander un nouvel imperméable, et interroger votre compte en banque.

Qu'est-ce que c'est ? ....

h) Il remplace l'annuaire.

Qu'est-ce que c'est ? ....

i) Il permet de réunir 2 participants ou des groupes de participants qui dialoguent entre eux.

Qu'est-ce que c'est ? (par la parole) ....

(par l'image) ....

LES DOCUMENTS

---

 6 **Voici dix types de messages (a → j) et dix consignes (1 à 10). Associez chaque type de message à la consigne correspondante.**

a) un avis d'affichage,

b) un avis de convocation,

c) une carte de visite,

d) un compte rendu,

e) un fax,

f) une lettre circulaire,

g) une note de service,

h) un ordre du jour,

i) un rapport,

j) un télégramme.

1

Prévenir l'ensemble du personnel qu'il est interdit de fumer dans les bureaux. Merci.

2

URGENT !
Envoyez à Paul Lange de la société RPDE ce devis (il doit le recevoir ce matin avant 12 heures).

3

Rappelez aux employés les nouveaux horaires de cantine.

4

Prévenir toutes nos succursales et nos fournisseurs que nos bureaux seront fermés au mois d'août.

5

Il faudrait envoyer un chèque de 1564 . à Nadia Jourdan en règlement de la composition florale.

6

Veuillez étudier la progression de nos ventes à l'étranger sur les 6 derniers mois et me remettre le tout avant le 10 novembre.

7

Je souhaite réunir tous les représentants le 15 mai, de 9 heures à 12 heures dans la salle de conférence du siège (objet : la baisse des ventes dans la région parisienne).

8

Prière de taper la liste des points qui seront abordés au cours de la réunion du CA du 20 février.

9

Contactez Mlle Bretonnier (elle n'a pas de téléphone) 45, route des Lucioles Valence. Elle doit se présenter demain matin à 8 heures au service du personnel pour un entretien.

10

Préparez-moi de toute urgence le ... de l'entrevue avec le Comité d'entreprise. Merci.

1 2 3 4 **5** 6 7 8 9

LE SUBJONCTIF : CONJUGAISON ET EMPLOI

> *Le subjonctif présent.* Il se forme à partir de la troisième personne du pluriel de l'indicatif présent avec les terminaisons : e / es / e / ions / iez / ent.
> *Exemple :* ils disent → que je dise.
>
> Quelques verbes irréguliers :
> avoir → que j'aie,   aller → que j'aille,   pouvoir → que je puisse,
> être → que je sois,   faire → que je fasse,   vouloir → que je veuille,
>   savoir → que je sache.
>
> ---
>
> *Le subjonctif passé.* Il se forme à partir du subjonctif présent de *avoir* ou *être* + participe passé : que j'aie aimé ; que je sois parti(e).
>
> ---
>
> Le subjonctif est utilisé après les expressions impersonnelles :
> – il est souhaitable que..., il faut que..., il est urgent que..., il est temps que..., il est nécessaire que..., il est indispensable que..., il est possible que..., il vaut mieux que..., il est dommage que..., il se peut que..., il suffit que...,
>
> Mais on met le verbe à l'indicatif dès qu'il y a certitude.
> *Exemples :* il est sûr que..., il est évident que..., il ne fait aucun doute que..., il est vrai que... + INDICATIF.

Madame Lavalle est engagée comme secrétaire de direction et chargée de superviser l'aménagement de son nouveau bureau.

En vous aidant du dessin, formulez les exigences de Madame Lavalle à partir des expressions : il est vrai que ; il vaudrait mieux que ; il me semble que ... .

Transformez les infinitifs en subjonctif.

– Il faut préparer l'ordre du jour de la prochaine réunion.

– Il vaut mieux faire un compte rendu détaillé de cette séance.

– Il suffit d'envoyer un fax immédiatement.

– Il est urgent de classer ces dossiers dans nos fichiers.

VERBES SUIVIS DU SUBJONCTIF

On utilise le subjonctif après les verbes qui expriment le souhait / le regret / la plainte / le doute / la volonté / le désir / l'incertitude / l'ordre / l'obligation / la crainte / la permission / les sentiments (joie, tristesse, étonnement).

Remarque : – penser,
         – croire,
         – imaginer.,
         – avoir l'impression / avoir le sentiment / estimer / être d'avis / trouver

} **+ INDICATIF** à la forme affirmative

3

Mettez les verbes suivants à la forme négative en faisant les changements nécessaires.

– Je crois que mes consignes ont été respectées.

....

– Nos correspondants pensent qu'il est nécessaire de reporter la réunion.

....

– Nous estimons qu'il faut changer ces directives.

....

– J'ai l'impression que vous avez compris.

....

4

Ces trois personnes se trouvent dans une situation difficile. Imaginez ce que chacune peut penser et dire en fonction de la situation.

Mme Tiret est furieuse ; elle avait rendez-vous avec M. Follet à 15 h. Il n'est pas là ...

La secrétaire de M. Follet est désolée et essaie de faire patienter Mme Tiret...

Rendez-vous

M. Follet arrive avec beaucoup de retard. Il regrette, présente ses excuses...

CONJONCTIONS SUIVIES DU SUBJONCTIF

Le subjonctif est obligatoire après certaines conjonctions qui expriment :	
le temps	– avant que / jusqu'à ce que / en attendant que /
le but	– pour que / afin que / de manière que / de sorte que / de façon que / de crainte que / de peur que /
la cause	– non ... que / ce n'est pas que /
l'opposition	– bien que / quoique / quelque ... que /
la condition	– à condition que / pourvu que / à moins que /

Retrouvez dans ce texte les différentes conjonctions de subordination.

Avant que la bureautique, l'informatique, la domotique, la télématique ne fassent leur apparition, la vie de l'entreprise était différente. Bien que ces techniques n'aient pas que des avantages, il faut admettre qu'elles ont amélioré la qualité et les conditions de travail de bien des services.

Même si l'agenda et le crayon n'ont pas tout à fait disparu du bureau de la secrétaire, l'écran, le clavier, l'imprimante ou le télécopieur y ont aujourd'hui une place essentielle. Quand la téléconférence ou le visiophone seront aussi banalisés que le FAX ou le TELETEL, nous aurons encore progressé. À condition que ce progrès soit à la portée du plus grand nombre.

En effet, l'utilisation de ces techniques doit se généraliser afin que les entreprises soient compétitives, et pour qu'elles gagnent en temps et en efficacité. Mais si certaines ne les utilisent pas, ce n'est pas qu'elles sont contre leur usage, mais parce que cela représente de gros investissements.

Classez les conjonctions dans ce tableau.

	TEMPS		BUT		CAUSE		OPPOSITION		CONDITION	
	indic.	subj.	indic.	subj.	indic.	subj.	indic.	subj.	indic.	subj.
Conjonction										

7 Terminez les phrases.

– Il s'est adressé à nous pour que…
– Une hôtesse m'a renseigné en attendant que…
– Nous classerons ce dossier à condition que…
– Il a décroché l'appareil afin que…
– Nous utiliserons le répondeur à moins que…

LE SUBJONCTIF DANS LES RELATIVES

> On trouve le subjonctif dans les propositions relatives qui expriment un fait souhaité, un but, une attente, un désir, une conséquence, en particulier si la principale est négative ou interrogative et que le relatif est précédé d'un indéfini (personne, quelqu'un ...).
> *Exemples :*
> – connaissez-vous quelqu'un qui sache parler le chinois ?
> – je ne vois rien qui puisse vous intéresser.
> – je voudrais une secrétaire qui soit immédiatement disponible.

8 Mettez le verbe à l'indicatif ou au subjonctif.

– Ils cherchent une solution qui (mettre) fin à ce litige.
– J'ai trouvé la solution qui (mettre) fin à ce litige.
– Je ne connais personne qui (savoir) utiliser ce nouveau logiciel.
– Nous cherchons quelque chose qui (pouvoir) resserrer les circuits de communication de notre entreprise.
– Nous avons recruté une secrétaire qui (posséder) déjà une bonne expérience.
– Nous souhaiterions engager une hôtesse qui (être) trilingue.

LES PRÉPOSITIONS

9 Complétez.

Mon travail consiste .... superviser, contrôler et organiser tout le secrétariat de l'entreprise. J'ai .... mes ordres quatre autres personnes .... qui je demande d'abord .... être rigoureux et je les encourage .... toujours mieux travailler. Je suis attentive .... la bonne marche des différents services et j'attire l'attention de mes collègues .... ce qui ne va pas, afin .... régler les problèmes .... attendre.

Mais j'ai confiance .... mes collaborateurs. .... plus, nous avons la chance .... être parfaitement équipé et cela influe .... la qualité de notre travail.

LA LETTRE DE RENSEIGNEMENTS

1 *Cherchez 5 circonstances qui permettent de prendre connaissance de l'existence d'un fournisseur et rédigez les 5 introductions correspondant aux lettres de demande de renseignements envoyées à ces fournisseurs :*

a) ....

....

b) ....

....

c) ....

....

d) ....

....

e) ....

....

2 *Trouvez 6 formules différentes pour formuler une demande :*

a) ....   d) ....

b) ....   e) ....

c) ....   f) ....

3 *Imaginez 2 conclusions différentes.*

a) ....

b) ....

4 *Complétez les introductions et les conclusions de réponses à une lettre de demande d'information.*

a) Dans l'espoir de pouvoir vous .... très prochainement .... nos clients, nous vous prions ....

b) Nous serions heureux d'entrer .... avec vous et souhaitons recevoir prochainement votre ....

c) Nous restons à votre .... pour tout renseignement ....

LE MESSAGE TÉLÉPHONIQUE

5

Vous êtes chargé(e) de préparer un message pour enregistrer sur le répondeur enregistreur téléphonique de la société SF PLUS.

Pour vous aider :
1. Être branché sur ... = être en communication téléphonique avec ... .
2. Laisser ses coordonnées (raison sociale, nom, fonction, numéro de téléphone, poste etc.).
3. Laisser un message après le "bip" sonore.
4. Remercier de l'appel.

À vous !..

....

....

....

....

6

Comment concevoir une fiche d'appel téléphonique pour prendre les messages des correspondants de l'entreprise.

a) Recherchez les indications qui doivent apparaître pour faciliter la prise de notes, Éviter les oublis.

....

....

....

....

....

....

....

....

b) Concevez une fiche dans le cadre ci-dessous.

73

LE CONTACT TÉLÉPHONIQUE

La standardiste est à son poste !
De nombreux correspondants appellent
toute la journée pour entrer en
communication avec un employé, pour
prendre rendez-vous, pour demander un
renseignement... Imaginez quelques-uns
de ces appels.

▷ *OUTILS !*

Je voudrais parler à ...
M. Florent est en réunion ...
La ligne est occupée ...
Vous patientez ou vous rappelez ?
Ne quittez pas !
Restez en ligne !
Je vous le (la) passe...
Ne coupez pas !
Raccrochez !

APPRÉCIER

L'agent commercial d'une entreprise
commercialisant des micro-ordinateurs
vante les qualités du matériel et le sérieux
de l'entreprise.
Imaginez la même situation mais avec
d'autres produits de votre choix.

▷ *OUTILS !*

À mon avis ... je crois que ...
J'ai l'impression que ...
Il me semble que ...
Je trouve, quant à moi, que ...

▷ *GUIDE*

Un secteur en plein essor...
Un secteur en pleine expansion...
Une entreprise florissante, sérieuse…
Une machine compétitive, fiable, performante.

DÉCOMMANDER

Imaginez des situations (qui, avec qui,
objet du rendez-vous, date et heure, motif
de l'annulation) dans lesquelles vous
aurez à décommander un rendez-vous
puis jouez-les !

▷ *OUTILS !*

Je ne pourrai pas venir comme convenu le ... à ...
Je souhaiterais décommander le rendez-vous prévu
pour demain.
J'ai un contretemps (un empêchement) de dernière heure.
Je voudrais annuler, reporter, repousser, avancer mon
rendez-vous.
Je suis dans l'impossibilité d'honorer mes rendez-vous
aujourd'hui.

NUANCER

Une nouvelle secrétaire vient d'être
engagée ; elle est contre la télématique.
Sa collègue discute avec elle pour lui
expliquer que même si tout n'est pas
positif (pourquoi), son utilisation peut être
pratique.

▷ *OUTILS !*

Il faudrait sans doute nuancer votre jugement...
Ce n'est pas aussi important que cela…
Il ne me semble pas que...

▷ *GUIDE*

Recherchez les avantages du minitel et ses
inconvénients.

S'EXCUSER

Imaginez des situations téléphoniques au
cours desquelles vous devez vous excuser
et jouez-les !

▷ *OUTILS !*

Excusez-moi si... (de... + inf.)
Je vous prie de bien vouloir m'excuser, mais...
Je vous présente toutes mes excuses.

▷ *GUIDE*

Faites des fiches sur lesquelles vous indiquerez : tous
les renseignements sur l'émetteur, le récepteur (les
activités des sociétés, les fonctions des interlocuteurs,
les motifs invoqués).

Une étude de cas

Vous êtes secrétaire à la société SF PLUS
25, rue Aiguelongue 34000 MONTPELLIER
Tél. 67 41 96 36   Fax 67 63 85 24

Rédigez les documents suivants : la carte de visite, l'avis d'affichage, l'avis de convocation avec le coupon-réponse et la lettre circulaire à l'aide des consignes laissées par Monsieur Follet dans l'exercice numéro 6 de la page 67.

1. la carte de visite

4. la lettre circulaire

2. l'avis d'affichage

3. l'avis de convocation

UNITÉ 6
LES SERVICES ET L'ENTREPRISE

PÊLE-MÊLE

✔ LE CONTRAT
✔ LA POLICE
✔ LA CLAUSE
✔ L'AVENANT
✔ LA PRIME
✔ LA COTISATION
✔ LA SUSPENSION

✔ LE GUICHET
✔ LA POSTE RESTANTE
✔ LES TÉLÉCOMS

✔ LA RÉSILIATION
✔ LA FRANCHISE
✔ LE RISQUE
✔ LE SINISTRE
✔ LE DOMMAGE
✔ LA MUTUELLE

AVANT DE COMMERCIALISER
"L'ATTACHÉ-CASE PLUS",
MONSIEUR FOLLET A ANALYSÉ
LE RÉSEAU DE DISTRIBUTION ■
IL A CHOISI D'OUVRIR
UNE BOUTIQUE DANS
UN CENTRE COMMERCIAL ■
IL FAIT PARTIE DU SECTEUR
TERTIAIRE ET A AFFAIRE
LUI AUSSI À DE NOMBREUX
PRESTATAIRES
DE SERVICES, TELS QUE
LES ASSUREURS, LA POSTE... ■

✔ LE COURRIER
✔ L'AGENT
✔ L'EXPERT
✔ SOUSCRIRE
✔ RECONDUIRE
✔ DÉDOMMAGER
✔ INDÉMNISER

✔ LA CAISSE DÉPARGNE
✔ L'AFFRANCHISSEMENT
✔ L'EXPÉDITION

✔ LA VPC
✔ LA VENTE AMBULANTE

- ✔ LA LETTRE
- ✔ LE PLI
- ✔ LE TIMBRE
- ✔ LE MANDAT
- ✔ LE TÉLÉGRAMME
- ✔ LE CHÈQUE POSTAL
- ✔ LE VIREMENT POSTAL
- ✔ LE COURRIER

L'ENTREPRISE ET LE DROIT

Dans le but de protéger le consommateur ou d'éviter des pratiques de concurrence déloyale, certaines formes de ventes sont interdites ou réglementées. C'est le cas, par exemple, de la vente par envoi forcé, la vente à domicile, la vente avec primes, la vente sans facture, la vente à perte. Lors d'une vente à crédit l'acheteur bénéficie de 7 jours de réflexion après la signature. Pendant ce délai, il peut se rétracter.

- ✔ LA VENTE À L'ESSAI
- ✔ LA VENTE DIRECTE
- ✔ LA VENTE GRÉ À GRÉ
- ✔ LA VENTE PÉRIODIQUE
- ✔ LA VENTE EN GROS

- ✔ LE PRIX D'ACHAT
- ✔ LE PRIX DE LANCEMENT
- ✔ LE PRIX HT
- ✔ LE PRIX TTC
- ✔ LA TVA

- ✔ L'AÉROGRAMME
- ✔ LE NUMÉRO VERT
- ✔ LE PCV

- ✔ LA VENTE AU RÉMÉRÉ
- ✔ LA VENTE AU CADRAN
- ✔ LA VENTE À LA SAUVETTE
- ✔ LA VENTE AU DÉTAIL
- ✔ LA VENTE EN L'ÉTAT
- ✔ LA VENTE AUX ENCHÈRES

- ✔ VENDRE À PRIX COÛTANT
- ✔ VENDRE À PERTE
- ✔ VENDRE EN PROMOTION
- ✔ PAYER À TEMPÉRAMENT
- ✔ PAYER À TERME
- ✔ PAYER AU COMPTANT

- ✔ LES GRANDS MAGASINS
- ✔ LE PETIT COMMERCE
- ✔ LE MAGASIN POPULAIRE
- ✔ LA GRANDE SURFACE
- ✔ LE SUPERMARCHÉ
- ✔ L'HYPERMARCHÉ
- ✔ LA SUPERETTE
- ✔ LE CENTRE COMMERCIAL
- ✔ LA COOPÉRATIVE
- ✔ LA CENTRALE D'ACHAT
- ✔ LA FRANCHISE

- ✔ UNE RISTOURNE
- ✔ UNE REMISE
- ✔ UN ESCOMPTE
- ✔ UNE RÉDUCTION
- ✔ UN RABAIS

- ✔ LES FRAIS
- ✔ LES CHARGES
- ✔ LA MARGE
- ✔ LES SOLDES

1
2
3
4
5
6
7
8
9

LE RÉSEAU DE DISTRIBUTION

1

Indiquez ce qui fait partie du commerce intégré (c.i.) et ce qui fait partie du commerce associé (c.a.).

Les centrales d'achat,

Les chaînes volontaires,

Les franchises,

Les grands magasins,

Les magasins collectifs,

Les magasins à succursales multiples,

Les centres commerciaux,

Les coopératives de consommation,

Les GIE,

Les grandes surfaces,

Les magasins populaires.

2

Quel est le mot juste ?

a) Il permet d'acheter près de son lieu de travail, ou de résidence :
le commerce de proximité / le commerce d'approche.

b) C'est la zone de passage d'une clientèle potentielle :
la zone de passage / la zone de chalandise.

c) C'est la possibilité de supporter la concurrence :
la compétition / la compétitivité.

d) C'est l'ensemble des moyens de distribution à la disposition des producteurs :
le tissu commercial / la grille commerciale.

e) Le fonds de commerce sert de garantie lors d'un prêt bancaire :
le nantissement / l'hypothèque.

3

Monsieur Follet cherche à commercialiser son attaché-case équipé ; il étudie le réseau de distribution avant de se décider.

Aidez-le à reconnaître les différentes formes de distribution.

1 ....

Carrefour

+ 1 500 m²

3 ....

Forum des Halles

5 ....

prisunic

2 ....

E.LECLERC

- 1 500 m²

4 ....

Organisés en rayons indépendants avec une caisse à chaque rayon.

Une grande surface sur un même niveau et des caisses à la sortie.

Plusieurs boutiques autour d'une locomotive (ou non) regroupées dans un même espace.

(SUPERETTES)

"Au bon pain"

6...

7...

8...

Des magasins indépendants sous une même enseigne.

Un même siège social et plusieurs magasins qui ont à leur tête un gérant.

Un petit commerce près des lieux d'habitation.

LA VENTE ET LES PRIX

4 Que signifient les expressions suivantes :

1. la vente à perte
2. la vente à prix coûtant
3. la vente à la criée
4. la vente aux enchères
5. la vente ambulante
6. la vente en gros
7. la vente directe
8. la vente au détail
9. la vente au cadran
10. la vente à la sauvette

a) sans autorisation
b) au prix d'achat
c) sans lieu fixe
d) au consommateur
e) au plus offrant
f) en dessous du prix d'achat
g) assistée par un système informatisé
h) sans intermédiaire
i) selon la loi de l'offre et de la demande
j) aux professionnels

5 Que signifient les sigles suivants :

TTC : ....

TVA : ....

HT : ....

6 Complétez.

L'État peut .... ou .... les prix pour réduire l'inflation ou au contraire les .... pour relancer la concurrence.

7 La vente à perte est interdite sauf dans quelques situations, lesquelles ?

....

....

....

8 Quel point commun et quelle différence y a-t-il entre le prix de lancement et le prix promotionnel ?

....

....

LES ASSURANCES

9 *Pouvez-vous résoudre ce problème de mots croisés ?*

Remarque : toutes les définitions concernent le vocabulaire de l'assurance.

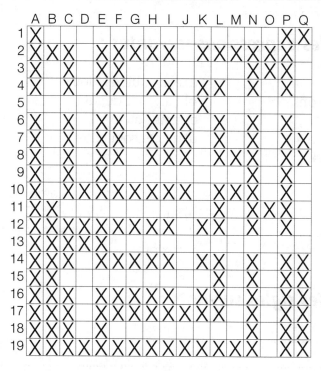

1 Obligation de réparer un préjudice.

3 Modifie les clauses d'un contrat.

5 Dédommagement d'un préjudice.

5 Déclare et certifie ce qu'il a vu.

9 Mettre fin à un contrat.

11 Dommage causé ou subi.

13 Actes par lesquels un témoin affirme un fait.

15 Part à la charge de l'assuré en cas de dommages.

18 Assure le respect des termes d'un contrat.

B Risque réalisé.

D Interrompre pour un temps les garanties d'une police.

D Cotisation.

G Qui concilie 2 parties.

J Réduction de prime pour bon conducteur.

J Chaque paragraphe d'un contrat qui décrit une obligation ou une garantie.

K Document qui consigne les clauses d'un contrat.

M Adversaire lors d'une collision.

M Un type d'organisme d'assurance.

O Consignation de faits.

O Intermédiaire dans des opérations commerciales.

Q Fait souscrire et signer une police d'assurance.

Q Majore la prime en cas d'accident.

LA POSTE

10 *Retrouvez dans cette grille de "mots mêlés", le vocabulaire de la poste.*

Remarque : vous pouvez lire les mots de bas en haut, de haut en bas, de droite à gauche, de gauche à droite ; un seul mot se lit en diagonale.

Quand vous aurez trouvé les 47 mots de la liste ci-dessous, il restera 9 lettres non utilisées qui forment un "mot-mystère". Pour vous aider à le découvrir, voici sa définition : indispensable pour pouvoir téléphoner chez soi.

```
E P A R G N E C H R O N O P O S T E T
R L C O U T T L A T S O P E D O C N E
T I C U A B I N S P E C T E U R E V L
T U U T E U Q A P D C O L I S M A E E
E R S E N O U B E I L I V R E T E L G
L G E R N S E O S S P U T S E M R O R
C E D E X E T N A T S E R E T S O P A
F N E C R S T N C R E U I T I E G P M
F N E C R S T N C R E U I T I E G P M
O T R O U S E E H I O N H N M G R E M
R C E M E I S S E B C S C E B A A S E
M O C M T P T T M U A E N M R L M G S
U U E A C E A E I T C S A E E L M U B
L R P N A C R S N E H O R C S A E I O
A R T D F E I S E U E P F A P B T C I
I I I E R R F I R R T E F L O M A H T
R E O T R U E V E C E R A P S E M E A
E R N B U R E A U D E P O S T E P T G
B O I T E P O S T A L E U C E R O S E
C C P N U M E R O V E R T T A D N A M
```

abonnés	cedex	étiquettes	préposés
accusé de réception	chronoposte	facteur	poste restante
acheminer	code postal	formulaire	récépissé
aérogrammes	colis	guichets	router
affranchir	contre	inspecteur	receveur
avis	remboursement	lettre	recommandé
boitage	courrier	livret	reçu
boîte postale	coût	mandat	télégrammes
bureau de poste	distributeur	numéro vert	timbres poste
cachet	emballages	paquet	tampon
case	enveloppes	placement	tarif
CCP	épargne	pli urgent	TUP

ACTIVITÉS LEXICALES

1 2 3 4 5 **6** 7 8 9

LE GÉRONDIF

GÉRONDIF = EN + participe présent Le gérondif est invariable.	
Il exprime : la simultanéité, la condition / la supposition, la cause, la manière / le moyen.	– Il écrit en parlant. – En vendant moins cher, il aurait plus de clients. – En vendant sans autorisation, il a pris de gros risques. – En s'assurant, on se tranquillise.

1

Remplacez les propositions en italique par un gérondif.

– *Si tu avais lu plus attentivement* ton contrat, tu ne serais pas dans cette situation.

– Il s'est aperçu de l'erreur *quand il a vérifié la facture.*

– Il a écoulé son stock *grâce à une vente à prix coûtant.*

– Il a provoqué un accident, *parce qu'il roulait trop vite.*

2

Remplacez le gérondif par une proposition subordonnée.

– En vendant par correspondance, vous touchez une large clientèle.

– En payant au comptant, tu aurais eu une réduction.

– En ajoutant un avenant à ton contrat, tu serais mieux assuré.

3

Complétez l'annonce en utilisant un des verbes suivants au gérondif :
accomplir ; se fier à ; arriver ; faire ; prendre ; composer.

SERVICE PLUS,

Société de services spécialisée dans l'aide et le conseil aux cadres étrangers travaillant en France. .... en France, vous avez du constater l'importance des formalités à remplir. .... appel à notre société et .... à notre expérience, vous éviterez bien des déplacements inutiles. Nous nous occuperons de tout .... en charge et .... pour vous toutes les démarches nécessaires. N'hésitez plus, faites appel à nos services .... le numéro suivant : 16.1.40.20.20.20.

1 2 3 4 5 6 7 8 9

L'ADJECTIF VERBAL ET LE PARTICIPE PRÉSENT

L'adjectif verbal peut être remplacé par un autre adjectif ; il est variable.

– C'est un article intéressant (cher, abîmé ...)

– C'est une collection intéressante et riche.

Le participe présent est invariable, il exprime une action.

– C'est un train pouvant rouler jusqu'à 350 km à l'heure.

Remarque : le participe présent remplace une relative ou une subordonnée de cause.

– C'est une collection intéressant un grand nombre de clients. (C'est une collection qui intéresse...).

– N'intéressant personne, nous avons retiré cet article de notre catalogue. (Comme cet article n'intéressait personne, nous l'avons retiré de notre catalogue.)

4 Repérez toutes les formes en ANT dans les phrases suivantes, et classez-les dans le tableau suivant :

gérondif	participe présent	adjectif verbal

– Notre société enregistrant une progression de ses bénéfices, nous envisageons de nouveaux investissements.

– Votre devis est intéressant et vos prix sont séduisants !

– Ne pouvant exécuter votre commande dans les délais précis, nous vous proposons un dédommagement.

– Vos arguments sont étonnants mais convaincants.

– En achetant par correspondance, vous gagnez du temps.

– Vous bénéficierez d'une remise, portant sur la totalité de la commande.

– La victime réclamant des dommages et intérêts, nous devons établir les circonstances exactes de l'accident.

– Le contrat ne prenant effet que le jour de la signature, nous ne pouvons vous donner satisfaction.

– Vous pouvez profiter de notre offre en remplissant et en détachant votre bulletin réponse.

– Vous pouvez nous renvoyer la marchandise en la laissant dans l'emballage d'origine.

L'EXPRESSION DE LA CONSÉQUENCE

Donc, alors, par conséquent, c'est pourquoi. }	+ indicatif	– Il n'aime pas ce qu'il fait, alors il travaille mal.
Si... que, tant... que, tellement... que, tel... que. }	+ indicatif	– Il y avait tant de travail que je n'ai pas pu terminer. – La concurrence est telle que (il y a une telle concurrence que) nous devons faire davantage d'efforts.
De manière... que, de sorte... que, de façon... que. }	+ indicatif	– Il n'avait pas assez d'argent, de sorte qu'il a dû emprunter.
Assez... pour que, trop...pour que. }	+ subjonctif	– Il y a trop de marchandises pour que nous puissions tout stocker.

5 Complétez par une conséquence en vous inspirant du dessin.

À la poste.

1. Il y avait une file trop importante au guichet...

2. À ce guichet, l'employé ne vendait pas de timbres...

3. Le distributeur était hors service...

LE FUTUR ANTÉRIEUR

Formation : *être, avoir* au futur simple + participe passé.
Exemples :
– nous vous répondrons dès que nous aurons reçu votre lettre.
– dans vingt ans, tout aura changé.

Valeurs : le futur antérieur exprime une action future précédant une autre action future, une action passée dans le futur.

6 *Imaginez ce qu'ils disent en remplaçant les verbes à l'infinitif par le futur antérieur.*

Dans 5 ans, j'aurai acheté mon magasin.
Dans 10 ans, (devenir) patron de plusieurs employés et (enregistrer) d'importants bénéfices.
Dans 20 ans, (rembourser) mon emprunt.

Dans 10 ans, le quartier aura changé. Les vieilles maisons (disparaître). On les (remplacer) par de grands immeubles, les petits commerces (laisser) la place aux supermarchés.

LES PRÉPOSITIONS

7 **Complétez.**

Il est nécessaire….. s'assurer….. se prémunir….. un risque : vol, incendie, accident. On s'assure….. sa sécurité personnelle, celle de sa famille ou de son entreprise.

Les contrats sont multiples; le courtier s'adapte... besoins de ses clients et tient compte ….. leurs exigences. L'assuré doit veiller ….. bien lire chaque clause du contrat ….. de le signer. Ainsi, en cas ….. sinistre, il est sûr ….. recevoir une indemnité à condition ….. avoir payé sa prime ….. l'échéance prévue, sinon il s'expose ….. une suspension de contrat; après le sinistre, il doit faire la déclaration ….. les plus brefs délais. L'assurance procure la sécurité. Il convient donc ….. faire le bon choix.

LA LETTRE DE COMMANDE

UN SEUL CONSEIL : Cette lettre doit être la plus précise possible afin d'éviter les échanges de courrier ou les erreurs lors de la préparation de la commande.

1 Analysez les opérations suivantes concernant une commande.

a) Quelle est la différence entre un bon de commande et un bulletin de commande ?

b) Quelles mentions doivent apparaître sur le bon de commande ?

c) Dès réception du bon de commande, le fournisseur envoie une lettre de confirmation : quel en est le plan ?

d) La commande ne peut pas être exécutée ; pour quelles raisons ?

e) Cherchez le plan d'une lettre qui annonce qu'une commande ne peut pas être honorée.

2 Rédigez la lettre de commande suivante à l'aide des amorces de phrases ci-dessous.

Votre catalogue ....

Nous vous prions de nous faire parvenir ....

Nous souhaitons recevoir ces articles ....

Le règlement s'effectuera ....

Nous attendons ....

et vous prions d'agréer, Messieurs, l'expression de nos salutations distinguées.

3 Le fournisseur est en rupture de stock pour l'un des articles commandés. Continuez sa lettre.

Nous accusons réception ....

Nous regrettons cependant vivement ....

Les articles réf. .... quant à eux étant disponibles ....

Nous vous prions de bien vouloir ....

Soyez assurés que nous ....

Veuillez agréer, ...

LA DEMANDE DE COMMUNICATION TÉLEX

Quelques conseils : pour le style, il n'y a pas de règle, on peut utiliser le style télégraphique, des phrases complètes, précises et concises. On peut aussi opter pour le style et la présentation d'une lettre.

Présentation : adoptez une présentation type pour préparer votre télex (généralement les grosses entreprises ont un formulaire pré-imprimé) cela vous aidera à n'oublier aucun détail ou permettra de traiter directement le document par informatique.

4   Observez la demande de communication télex.

Quelles indications sont données
en a) et en c) ?

....

....

Pourquoi indiquer l'heure en b) et h) ?

....

....

Qu'est-ce qu'un émetteur ?
Quels détails donne-t-on
sur l'émetteur ?

....

....

Pourquoi signer cette demande ?

....

....

....

SF PLUS ⓐ	Date : .... ⓑ Heure : ....
DEMANDE DE COMMUNICATION TÉLEX ⓒ	
ÉMETTEUR ⓓ	Cadre réservé au service Date :
DESTINATAIRE ⓔ	ⓗ
MÉSSAGE : ⓕ SIGNATURE : ⓖ	

5   À vous !

a) Monsieur Follet veut réserver une chambre d'hôtel pour les 6 et 7 juin à Grenoble, à l'occasion d'une foire exposition internationale. Rédigez le télex !

b) Monsieur Follet rédige un télex pour prévenir que la commande qu'il devait livrer le 20 février ne le sera que le 27. Raison invoquée : rupture de stock (inventez les coordonnées d'un client).

ACCUEILLIR

La secrétaire de Monsieur Follet accueille un P-DG d'une firme étrangère qui est intéressé par les articles commercialisés par Monsieur Follet.

 ### ▷ *OUTILS !*

Donnez-vous la peine d'entrer !
Que puis-je faire pour vous ?
Soyez le (la) bienvenu(e).
Je suis chargé(e) de vous accueillir.
Enchanté(e) de vous accueillir.

 ### ▷ *GUIDE*

Cherchez les éléments matériels qui peuvent mettre en confiance le visiteur.

CONSEILLER

Un client est indécis : il hésite depuis une heure devant le même rayon. Une vendeuse vient et le conseille dans ses choix en fonction de sa profession, de ses loisirs et de ses goûts.

 ### ▷ *OUTILS !*

Selon moi, vous devriez..
Il vaudrait mieux...
Vous feriez mieux de...
Pourquoi ne pas..

 ### ▷ *GUIDE*

Choisissez un rayon à l'aide d'un catalogue de vente par correspondance et analysez tout d'abord le style de vie de la personne que vous imaginez avec ses articles.

SE PLAINDRE

Un client a acheté une voiture (choisissez un modèle que vous connaissez) il y a 2 mois. Il revient voir le concessionnaire et se plaint que sa voiture ne fonctionne pas comme il l'espérait.

 ### ▷ *OUTILS !*

Je suis vraiment déçu...
Ce n'est pas du tout ce à quoi je m'attendais.
Je regrette amèrement cet achat.

 ### ▷ *GUIDE*

Énumérez tout d'abord les caractéristiques et avantages de la voiture choisie, puis recherchez toutes les sources de mécontentement possibles.

EXPRIMER UNE HYPOTHÈSE

Imaginez la vie à la ville en l'an 2010 et ses répercussions sur le commerce.
"Si les villes continuent à être aussi peuplées, les petits magasins..."
"Si la population vieillit, le commerce..."

▷ *OUTILS !*

Admettons que...
Supposons que...
Dans le cas où...

▷ *GUIDE*

Établir une liste des changements :
* certains,
* possibles,
* moins probables.

EXPRIMER UN SOUHAIT

Expliquez ce que vous attendez de votre (future) vie professionnelle.

 ### ▷ *OUTILS !*

Si nous pouvions...
J'espère que..
Je voudrais tellement que...

 ### ▷ *GUIDE*

Dressez une liste des valeurs prioritaires pour vous et également de ce que vous refusez.

1 2 3 4 5 6 7 8 9

Test : seriez-vous un bon vendeur ?

1. À votre avis un bon vendeur doit d'abord :
a) bien connaître son produit pour répondre à n'importe quelle question ?
b) savoir séduire la clientèle par des jeux de mots, de l'humour ?
c) offrir une bonne apparence ?

2. Pour vendre il faut :
a) écouter l'acheteur ?
b) avoir du "bagout" (1) ?
c) offrir un bon produit ?

(1) savoir parler.

3. Pour fidéliser la clientèle il faut être disponible :
a) après la vente ?
b) pendant la vente ?
c) avant la vente ?

4. Avec laquelle de ces affirmations êtes-vous d'accord ?
a) "Il faut vendre d'abord, produire ensuite !" ?
b) "Tout s'achète et tout se vend !" ?
c) "Il n'y a pas de mauvais produit, mais de mauvais vendeurs !" ?

5. Un bon vendeur ...
a) donne une bonne image de son entreprise ?
b) critique l'entreprise ou le produit concurrent ?
c) laisse le client seul juge de la qualité de ce qu'il vend ?

6. Ce que vous ne feriez pas !
a) vendre à la sauvette ?
b) vendre à perte ?
c) vendre en l'état ?

7. On vous propose une formation, que choisissez-vous ?
a) un cours de psychologie ?
b) un cours intensif de langue ?
c) un cours d'initiation à l'informatique ?

8. Pour vous, vendre c'est :
a) une façon de communiquer ?
b) une façon de travailler en s'amusant ?
c) une façon de se dépasser ?

Résultats : Vous avez entre 6 et 8 a) : Vous avez toutes les qualités d'un bon vendeur. Vous savez qu'un vendeur doit tout à la fois : – connaître son produit, son entreprise, posséder une bonne technique commerciale, – savoir prévoir, écouter, conseiller, convaincre, assurer un suivi.
Vous avez entre 4 et 6 a) : Vous possédez déjà certaines qualités du bon vendeur : – le dynamisme – le sens de l'initiative.
Avec une formation spécifique, vous avez de bonne chance de réussir.
Vous avez moins de 4 a) : Il vaut peut-être mieux que vous cherchiez une autre activité professionnelle !

89

LES SERVICES COMPTABLES ET L'ENTREPRISE

PÊLE-MÊLE

✔ L'ACTIF
✔ LE BILAN
✔ LE PATRIMOINE
✔ LE CHIFFRE D'AFFAIRES
✔ LE PASSIF
✔ LES IMPAYÉS
✔ LES FRAIS GÉNÉRAUX

✔ L'EXERCICE
✔ LA TRÉSORERIE
✔ LES FACTURES

L'ENTREPRISE DE MONSIEUR
FOLLET EST ENCORE DE
PETITE TAILLE, IL N'A PAS
ENGAGÉ DE COMPTABLE ■
AUSSI, IL FAIT APPEL À
UN CENTRE DE GESTION
AGRÉÉ POUR TENIR
SA COMPTABILITÉ ■

✔ LES PIÈCES COMPTABLES
✔ LES JUSTIFICATIFS
✔ L'ÉCHÉANCIER
✔ LES ÉCRITURES
✔ LE RÉSULTAT

✔ LES RÉMUNÉRATIONS
✔ LA SOLDE
✔ LE SALAIRE
✔ LES HONORAIRES
✔ LES TRAITEMENTS
✔ LE CACHET
✔ LES GAGES
✔ LES APPOINTEMENTS
✔ LES ÉMOLUMENTS

L'ENTREPRISE ET LE DROIT

La tenue de deux livres de commerce est obligatoire pour le commerçant :
– le livre journal qui enregistre toutes les opérations de l'entreprise au jour le jour.
– le livre d'inventaire (+ le livre de paie si l'entreprise emploie du personnel).
Les livres doivent être conservés pendant dix ans ainsi que toute la correspondance de l'entreprise.

✔ LES DÉPENSES
✔ LE DÉBIT
✔ LES DETTES
✔ LES PERTES

✔ LES RECETTES
✔ LE CRÉDIT
✔ LE BÉNÉFICE
✔ LES CRÉANCES
✔ LES PROVISIONS
✔ LES DISPONIBILITÉS
✔ LES RÉSERVES

✔ LA TRAITE
✔ LA LETTRE DE CHANGE
✔ LE BILLET À ORDRE
✔ L'EFFET DE COMMERCE

✔ L'EMPRUNT OBLIGATAIRE
✔ LE CRÉDIT BAIL
✔ LE CRÉDIT FOURNISSEUR
✔ L'ESCOMPTE DE TRAITE
✔ L'AFFACTURAGE

✔ L'AMORTISSEMENT
✔ LA MISE EN DEMEURE
✔ LE RAPPEL
✔ LE RECOUVREMENT

✔ LE CONTRÔLE FISCAL
✔ LE PROTÊT
✔ LA SAISIE

1
2
3
4
5
6
7
8
9

91

NOTIONS GÉNÉRALES

1

Donnez le contraire des mots suivants.

a) les dépenses ;

b) le débit ;

c) une créance ;

d) l'actif.

2

Associez à chaque mot sa définition.

Le chiffre d'affaires   L'échéancier

Les bénéfices   Le résultat

Le bilan   Les ressources

a) Évaluation chiffrée de l'activité d'une entreprise à la fin d'une période d'activité.

b) Montant total des ventes pour une période donnée.

c) Inventaire périodique de l'actif et du passif de l'entreprise.

d) Produit net d'une entreprise au terme d'un exercice.

e) Répertoire chronologique des sommes à payer ou à encaisser.

f) Ensemble des biens, services ou capitaux disponibles.

3

Faites correspondre à chaque verbe de la 1ère liste, un nom de la 2e liste.

1. Protester   a) une échéance

2. Accepter   b) une lettre de change

3. Établir   c) un bilan

4. Émettre   d) une traite

5. Reporter   e) un effet de commerce

4

Trois utilisations possibles pour un même mot : retrouvez ce mot.

A) Son client ayant déposé le bilan, il crée une .... du montant de sa créance.

Son compte étant insuffisamment alimenté, il a donc tiré un chèque sans ....

Prévoyant un hiver rigoureux, il a fait .... de bois.

B) Il a accepté la marchandise sous .... de vérification.

Il a approuvé le projet avec enthousiasme et sans aucune ....

L'entreprise doit conserver des ...., c'est-à-dire des sommes non distribuées.

C) Un bilan détaillé est remis au chef d'entreprise à la fin de chaque ....

Il a été condamné pour .... illégal de la médecine.

Pour se maintenir en forme, il est recommandé de faire un peu d'...............

D) Au montant du loyer, s'ajoute chaque mois les .... (pour l'entretien de l'immeuble, le chauffage ...).

Les .... sociales constituent souvent le plus grand poste au bilan d'une entreprise.

Il a pris en .... l'essentiel du travail.

E) Si cette facture reste toujours impayée, une .... en demeure sera envoyée au client.

La .... en place de nouvelles structures demande un certain temps.

Au début d'une vente aux enchères, le commissaire-priseur annonce la .... à prix.

F) Un des gros problèmes des entreprises françaises est le manque de .... propres.

Lors de l'achat de son commerce, il a acheté le .... et les murs.

Tout acte juridique doit remplir des conditions de .... et de forme.

LE BILAN

Pour faire le point sur la situation de son entreprise, Monsieur Follet dispose du bilan établi par le service comptabilité. Il connaît ainsi l'actif c'est-à-dire l'utilisation des ressources de l'entreprise et le passif c'est-à-dire l'origine de ces ressources.

Cherchez les définitions des mots entourés.

ACTIF

IMMOBILISATIONS INCORPORELLES	(Fonds) commercial
IMMOBILISATIONS CORPORELLES	Terrains Machines Immeubles
IMMOBILISATIONS FINANCIÈRES	(Participations)

ACTIF IMMOBILISÉ

STOCKS	Stock de sécurité
	Stock – circulant et produits encours
	Créances
	Valeurs disponibles Banque… Caisse

ACTIF CIRCULANT

PASSIF

(Capitaux propres :) Capital Réserves Report à nouveau Résultats de l'exercice	SITUATION NETTE
(Provisions) pour riques provisions pour (charges)	PROVISIONS
Dettes à long terme : (plus d'un an) – banque – prêts à plus d'un an – obligations	
Dettes à court terme : (moins d'un an) (fournisseurs) – prêts à court terme	DETTES

CAPITAUX PERMANENTS

EXIGIBLE À COURT TERME

LES RÉMUNÉRATIONS

6 **Trouvez un synonyme de :**

– une fiche de paye :

– payer quelqu'un :

7 **Ils travaillent tous, et tous sont payés pour leur travail. Mais sauriez-vous comment s'appelle la rétribution de chacun ?**

– Le médecin ————————>   –

– Le fonctionnaire ————————>   –

– Le militaire ————————>   –

– La femme de ménage ————————>   –

– La comédienne ————————>   –

– L'employé de banque ————————>   –

LES INVESTISSEMENTS

8 **Monsieur Follet doit financer un nouvel achat de capital technique. Comment peut-il financer cet investissement ? Citez quatre possibilités.**

a)   c)

b)   d)

Précisez les avantages et les inconvénients de chaque type de financement pour l'entreprise en vous aidant du tableau suivant.

	Qui apporte l'argent ?	Y a-t-il remboursement ?	Comment est rémunéré celui qui apporte l'argent ?
Moyen 1			
Moyen 2			
Moyen 3			
Moyen 4			

L'ADJECTIF NUMÉRAL CARDINAL

Les adjectifs numéraux cardinaux sont invariables :

- 1 : un / 2 : deux / 5 : cinq / 7 : sept.
- 1000 : mille / 10 000 : dix mille / 100 000 : cent mille.

Remarques :

a) VINGT et CENT multipliés prennent un S :
- quatre-vingts francs.
- deux cents francs.

Ils restent invariables s'ils sont suivis d'un autre chiffre :
- quatre-vingt dix francs.
- deux cent dix francs.

b) UN varie au féminin devant un substantif :
- il y avait vingt et une personnes.
- il y a eu trente et une demandes.

c) On met un trait d'union entre le chiffre des dizaines et celui des unités (de 17 à 99) :
- 19 : dix-neuf ; 78 : soixante-dix-huit ; 81 : quatre-vingt-un.
- 99 : quatre-vingt-dix-neuf.

Il n'y a pas de trait d'union quand le chiffre est relié par ET :
- 21 : vingt et un ; 71 : soixante et onze.

d) MILLE est invariable, mais **million** et **milliard** prennent toujours un S au pluriel.
- dix mille ; deux millions ; deux cents millions ; quatre-vingt milliards.

1   *Écrivez en toutes lettres.*

- Cela constitue 44 % de notre production.
- L'entreprise emploie 551 personnes.
- La rémunération annuelle varie entre 75 000 et 117 000 francs.
- Notre chiffre d'affaires pour l'année écoulée est de l'ordre de 19,76 milliards de francs.
- Chacun touchera une prime exceptionnelle de 271 francs.
- Nous avons créé 97 emplois en 5 ans.

2   *Lisez à haute voix les numéros de ces comptes.*

- 002 / 1958928 / 454 / 0030039 / 127 / 1134542 / 099 / 0135670.

LE CONDITIONNEL PRÉSENT

Formation : radical du futur + terminaison de l'imparfait.
– J'emprunterais
– Nous prêterions

Valeur et concordance : le conditionnel est un futur du passé.

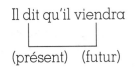

Il dit qu'il viendra

(présent)   (futur)

Il a dit
il disait   qu'il viendrait
il avait dit

(passé)   (conditionnel)

Mettez le texte au passé en faisant les changements nécessaires. Le comptable estimait … .

Le comptable estime que les résultats s'amélioreront et qu'on pourra bientôt redresser la situation financière. Il pense même que nous bénéficierons de la relance actuelle de la consommation et que donc nos difficultés ne seront que passagères. Nous espérons qu'il aura raison !

AUTRES UTILISATIONS DU CONDITIONNEL

Il sert à exprimer une hypothèse, une éventualité :
– une augmentation du capital nous aiderait.

Il sert à suggérer une idée :
– il faudrait rectifier la facture.

Il sert à formuler une demande polie :
– voudriez-vous attendre un peu ?

Il sert à formuler un désir :
– j'aimerais vérifier les comptes.

Il sert à présenter une information incertaine :
– l'entreprise serait au bord de la faillite.

4

Le comptable de Monsieur Follet lui donne quelques conseils pour améliorer sa situation financière.
Imaginez cinq de ses conseils en vous aidant des verbes de la colonne A et des substantifs de la colonne B.

	A	B
À votre place, je ...	Demander	Un découvert
À votre place, je ...	Obtenir	Un budget
De plus, il ...	Étudier	Des frais généraux
et, vous ...	Réduire	Les investissements
enfin, ...	Diminuer	Un report d'échéance

LE CONDITIONNEL PASSÉ

Formation : *avoir* ou *être* au conditionnel présent + participe passé.
– J'aurais voulu
– Je me serais aperçu

Valeurs. Il exprime

a) l'irréel du passé :
  – nous aurions dû faire plus attention.

b) une information passée incertaine :
  – ses problèmes seraient dûs à une mauvaise gestion.

c) une action antérieure à une autre action au conditionnel présent :
  – il a dit qu'il nous ferait un compte rendu dès qu'il aurait terminé.

5

Terminez ces phrases en utilisant un conditionnel passé.

– Sans la crise, vous ...

– Avec un meilleur budget prévisionnel, vous ...

– Pour éviter cet emprunt, vous ...

1 2 3 4 5 6 7 8 9

6

Relevez tous les conditionnels de ce dialogue et justifiez leur emploi.

– On m'a dit qu'il y aurait des changements dans le service très prochainement ?

– J'ai pensé effectivement que nous devrions peut-être élargir nos activités.

– Oui, mais alors il nous faudrait embaucher un nouveau chef de service comptable.

– Évidemment !

– Mais quelle serait précisément sa fonction ?

– J'aimerais qu'il contrôle et coordonne les comptabilités auxiliaires et je souhaiterais également qu'il s'occupe des arrêtés mensuels et des procédures de clôture.

– Voudriez-vous aussi qu'il mette en place les nouvelles opérations informatiques dont nous aurions besoin ?

– Bien sûr, ce serait parfait !

– Oui, ce serait une bonne idée.

– Nous aurions même dû y penser plus tôt !

LES PRÉPOSITIONS

7

Complétez.

POUR INVESTIR.

Le créateur d'entreprise a souvent recours .... un emprunt .... compléter son financement personnel. .... la suite, un nouvel investissement peut être financé .... les ressources internes, ou .... des ressources externes.

L'autofinancement est réalisé, il permet ainsi .... réduire les frais financiers, ... des fonds propres à l'entreprise, et assure .... l'entreprise davantage d'autonomie financière et bien souvent contribue .... l'innovation.

LA DEMANDE DE PAIEMENT

a.

M

Malgré nos différents rappels, votre compte chèques continue à présenter, à ce jour, un solde débiteur de F, sauf erreur ou omission de notre part.

En conséquence, nous vous invitons à passer de toute urgence à nos guichets, et cela avant le , dernier délai. .

Passée cette date, nous nous verrons dans l'obligation de remettre votre dossier entre les mains de notre service contentieux, aux fins de recouvrement par voie de droit.

Nous vous prions d'agréer, M, l'expression de nos sentiments distingués.

b.

Nous avons l'honneur de vous faire savoir que votre compte chèques présente, à ce jour, un solde débiteur de F. , sauf erreur ou omission de notre part.

Nous avons jugé bon d'honorer votre signature, malgré l'absence de provision, afin de vous éviter les sanctions prévues par la Loi.

Nous pensons qu'il s'agit d'un simple oubli de votre part, et vous prions de bien vouloir régulariser cette situation dans les meilleurs délais.

Dans cette attente, nous vous prions d'agréer, M , l'expression de nos sentiments distingués.

c.

Nous constatons que votre compte chèques continue à présenter un solde débiteur de F. , malgré nos différents rappels qui n'ont, à ce jour, pas paru devoir retenir votre attention.

Nous tenons à vous rappeler qu'en matière de compte chèques, la loi du 3 janvier 1975 prévoit des sanctions pénales que nous avons pu vous éviter jusqu'à maintenant.

En conséquence, nous vous signalons qu'à compter de ce jour, nous n'honorerons plus vos paiements, et vous invitons à bien vouloir régulariser votre situation débitrice <u>sous huitaine</u>, faute de quoi nous nous verrons dans l'obligation de vous retirer les différents moyens de paiement en votre possession.

Dans cette attente, nous vous prions d'agréer, M , l'expression de nos sentiments distingués.

d.

Nous avons l'honneur de vous faire savoir qu'afin d'honorer votre signature, les paiements que nous avons effectués ont rendu votre compte chèques débiteur à ce jour de F , sauf erreur ou omission de notre part.

Nous restons à votre entière disposition, et vous prions d'agréer, M , l'expression de nos sentiments dévoués.

1 *Classez ces lettres de la Banque par ordre chronologique et observez quels éléments nouveaux apparaissent d'une lettre à l'autre.*

2 *Comment appelle-t-on ces lettres ?*

a) .... b) ....

3 *Qui (service ou entreprise) s'occupe des impayés d'une entreprise ? Quel est leur recours ?*

4 *Trouvez l'expression plus précise pour :*

– un paiement rapide,
– payer une somme d'argent (que l'on doit),

– il s'agit d'un oubli,
– nous devons faire le nécessaire pour que vous remboursiez,
– nous donnons votre dossier.

LES RÈGLEMENTS

5

Le chèque bancaire : observez ce chèque et retrouvez toutes les mentions correspondant aux 10 numéros.

1 ....   2 ....   3 ....
4 ....   5 ....   6 ....
7 ....   8 ....   9 ....
10 ....

6

Le chèque postal : monsieur Follet doit à la société VINCENT des fournitures de bureaux pour un montant de 4 586,30 F ainsi que 3 dictionnaires à 450 F l'un. Il vous demande d'établir un seul chèque pour régler ces différents achats.

EXPRIMER UNE OPINION

Après examen du bilan annuel le chef du service comptable fait des suggestions pour améliorer le bilan de l'entreprise.

▷ OUTILS !

j'ai constaté que...
il me semble que...
je suis d'avis que...
je pense/trouve/crois/que...

▷ GUIDE

Dresser une liste de tous les aménagements possibles pour une meilleure gestion interne.

EXPRIMER UN REGRET

En France les chefs d'entreprise se plaignent que les impôts ainsi que les charges soient trop élevés. Ecoutez 2 d'entre eux discuter et regretter cet état de fait.

▷ OUTILS !

C'est malheureusement le cas pour
Il est dommage que... (+ subj)
Il est à regretter que... (+ subj)
Nous déplorons...

▷ GUIDE

Faites la liste des charges et des impôts payés par une entreprise avant de commencer le dialogue.

CONTESTER

2 employés se retrouvent pendant la pause et bavardent comme chaque jour ; ils viennent de payer leur tiers provisionnel et trouvent qu'ils paient trop d'impôts et contestent l'égalité du système d'imposition.

▷ OUTILS !

C'est injuste de...
Il est anormal de...
C'est à mon avis un non-sens, une abération...
Il est tout à fait inadmissible de devoir...

▷ GUIDE

Recherchez et dressez une liste des impôts et des taxes payés par un particulier en France.

PROTESTER

Comment réagissez-vous à la fraude ? Est-elle selon vous compréhensible dans certaines circonstances ou protestez-vous énergiquement contre ces procédés illégaux ?

▷ OUTILS !

Je m'élève contre...
Je tiens à protester énergiquement contre...
Il me semble inacceptable que... (Subj) / de + inf

▷ GUIDE

Dans quels domaines les fraudes sont-elles les plus nombreuses ?

FAIRE DES CONCESSIONS

Le service du contentieux vient de mettre en demeure un client de payer une facture dont le montant est très élevé. Le client (très bon client depuis des années) prétend ne jamais avoir reçu la marchandise. Imaginez la confrontation entre l'employé(e) et le (la) client(e) pendant laquelle chacun fera des concessions pour arranger le différend à l'amiable.

▷ OUTILS !

J'admets que... (subj)
Je reconnais que... (ind)
Je vous accorde ...

▷ GUIDE

Le (la) client(e) et l'employé(e) dressent chacun de leur côté une liste de leurs arguments et recherchent ensuite les réfutations correspondant à chaque argument.

1 2 3 4 5 6 7 8 9

Le jeu des erreurs

Il s'est glissé 7 erreurs dans ce texte. Retrouvez-les !

Pour assurer une gestion efficace, un chef d'entreprise doit connaître la situation financière exacte et le patrimoine de son entreprise.

Le département comptable doit donc enregistrer toutes les opérations, les échanges avec l'extérieur, avec le client, les fournisseurs ...

Grâce au bilan qui fait apparaître le positif et le négatif, l'entrepreneur possède une image exacte de sa situation monétaire.

Le département comptable assure plusieurs fonctions : il détermine en particulier le chiffre d'affaires et le résultat (bénéfice ou débit) qui traduit l'activité de l'entreprise pendant un exercice.

Il analyse les prix et les marges par produit ou par activité pour diminuer les pertes et augmenter les ressources.

Il essaie de prévoir l'avenir, de fixer les normes à atteindre, et en fin de période, compare les prévisions et projets et analyse les écarts.

En résumé, le département comptable s'occupe essentiellement de la facturation, de la réglementation et du traitement de la paie.

Réponses :
Positif et négatif / actif et passif // situation monétaire / situation financière // débit // perte // prix / coûts // ressources / bénéfices // projets / réalisations // réglementation / règlements.

103

LES TRANSPORTS. L'EXPORTATION ET L'ENTREPRISE

PÊLE-MÊLE

LA SOCIÉTÉ SF PLUS EXISTE MAINTENANT DEPUIS 4 ANS ET DEVANT LE SUCCÈS RENCONTRÉ EN FRANCE PAR "L'ATTACHÉ-CASE PLUS", MONSIEUR FOLLET DÉCIDE DE L'EXPORTER ■

LE PARCOURS DU "PARFAIT EXPORTATEUR" N'EST PAS SIMPLE ET MONSIEUR FOLLET DOIT FAIRE DE NOMBREUSES DÉMARCHES ET PRENDRE DE NOMBREUX CONSEILS AVANT DE PARTIR À L'ASSAUT DU MARCHÉ EUROPÉEN ■

- ✔ LES TRANSPORTS MARITIMES
- ✔ LES TRANSPORTS AÉRIENS
- ✔ LES TRANSPORTS FERROVIAIRES
- ✔ LES TRANSPORTS ROUTIERS
- ✔ LES TRANSPORTS FLUVIAUX

- ✔ LE CERTIFICAT D'ORIGINE
- ✔ LA FACTURE CONSULAIRE
- ✔ LE RÉCÉPISSÉ
- ✔ LE CONNAISSEMENT MARITIME
- ✔ LA CHARTE PARTIE
- ✔ LE CERTIFICAT DE PRISE EN CHARGE
- ✔ LE CERTIFICAT DE CIRCULATION

1
2
3
4
5
6
7
8
9

- ✔ LE CERTIFICAT D'INSPECTION
- ✔ LE CONTRAT DE TRANSPORT
- ✔ LE CONTRAT D'AFFRÈTEMENT
- ✔ LA LETTRE DE TRANSPORT
- ✔ LA LETTRE DE VOITURE
- ✔ L'ASSURANCE CRÉDIT

L'ENTREPRISE ET LE DROIT

La responsabilité du transporteur se trouve engagée – sauf s'il peut prouver le cas de force majeure – en cas de perte totale, de perte partielle, d'avaries ou de retard dans la livraison de la marchandise transportée. Après expertise, le transporteur présumé responsable des préjudices survenus pendant le transport, devra les réparer intégralement.

- ✔ LA LETTRE DE CHANGE
- ✔ LE BILLET À ORDRE
- ✔ LA REMISE DOCUMENTAIRE
- ✔ LE CRÉDIT DOCUMENTAIRE
- ✔ LA LETTRE DE CRÉDIT COMMERCIALE
- ✔ LE VIREMENT
- ✔ LE MANDAT POSTAL

- ✔ LES CONTENEURS
- ✔ L'EMBALLAGE
- ✔ LE STOCKAGE
- ✔ LE CONDITIONNEMENT
- ✔ LA TARIFICATION
- ✔ LES NORMES
- ✔ LA LICENCE
- ✔ LE DÉPÔT DE BREVET

- ✔ LES COMMISSIONNAIRES EN DOUANE
- ✔ LE MANDATAIRE
- ✔ LE NÉGOCIANT
- ✔ LE CONCESSIONNAIRE

- ✔ LA CE
- ✔ L'OCDE
- ✔ LA COFACE
- ✔ LES TRANSPORTEURS
- ✔ LE COMMETTANT

LE TRANSPORT

1

Les documents de transport : recherchez le nom des documents propres à chaque mode de transport :

Le document de base du contrat de transport maritime est le (1) .... ; ce document est un titre représentatif de la propriété de la marchandise. La (2) .... est quant à elle la preuve du contrat d'affrètement.

La (3) .... est le document établi lors d'un transport aérien.

Au départ ou à destination de la France, le contrat de transport routier peut être matérialisé soit par une (4) .... (CE) soit par une (5). ....

Le document de transport ferroviaire remis lors d'un transport national est un (6) .... alors que lors d'un transport international une (7) .... est établie.

Tout contrat de transport fluvial doit être constaté par une (8) .... qui donne lieu à l'établissement d'une (9) ....

Vous avez le choix entre ces documents :
(attention certains noms peuvent servir plusieurs fois)

charte-partie	connaissement	convention
feuille de route	lettre de transport	lettre de voiture
récépissé		

2

La responsabilité du transporteur : retrouvez le mot juste.

L'expéditeur est tenu de remettre la marchandise en bon état, et correctement .... (emballée/conditionnée) à la disposition du transporteur. Celui-ci s'engage alors, à la prendre en charge et à la livrer au point convenu. En cas .... (de dégât/d'avarie) en cours de transport .... (un doute/une présomption) de responsabilité pèsera sur le transporteur qui devra apporter la preuve certaine que .... (le dommage/la dégradation) résulte d'une des causes .... (d'exonération/de remboursement) prévues par la loi ou la convention.

LA DOUANE

3   *Citez 2 conceptions douanières opposées.*

....

4   *Savez-vous ce que signifient les sigles suivants ?*

l'OCDE : ....

la CE : ....

l'AELE : ....

et les sigles suivants liés au transit ?

TIF : ....

TIR : ....

TRI : ....

L'EXPORTATION

5   *Les intermédiaires. Les connaissez-vous ?*

.... : il prend tous les risques et libère l'exportateur de nombreuses contraintes.

.... : il est lié à son fournisseur par un contrat d'exclusivité pour la vente de produits dans un secteur géographique donné.

.... : il est mandaté par le fournisseur pour agir et négocier en son nom ; il prospecte et assure le suivi des ventes. Mais la négociation commerciale avec le client appartient à l'exportateur.

6   *L'assurance et l'exportation : complétez ce texte en choisissant parmi tous les mots proposés les cinq mots qui manquent.*

Exporter COFACE c'est le meilleur moyen de se faire payer !

La COFACE est par excellence l' (1) .... des entreprises exportatrices et de celles qui veulent le devenir.

Avec plus de 40 ans d' (2) ...., 20 000 clients, 400 000 acheteurs étrangers suivis dans le monde entier et plus de 1200 (3) .... délivrées chaque jour, la COFACE est le partenaire de chaque entreprise, grande ou petite.

La Coface vous propose une (4) .... de produits à l'exportation permettant de (5) .... de nouveaux marchés, de (6) .... votre clientèle, d'(7) .... le réglement de vos créances, de (8) .... des prix fermes en devises, d'(9) .... à l'étranger sans risque, de (10) .... de financements privilégiés.

aller	expérience	label	proposer
l'assureur	gamme	obtenir	prospecter
avoir	garanties	parler	recherche
bénéficier	investir	permettre	sélectionner
créer	intermédiaire	possibilité	trier

LES MOYENS DE PAIEMENT INTERNATIONAUX

7

Les instruments de paiement : grâce aux définitions suivantes, retrouvez les différentes formes matérielles que peuvent prendre les paiements :

a) émis par une banque sur instruction de l'entreprise acheteuse, il est envoyé par la poste :

b) émis par l'entreprise acheteuse (pouvant être certifié par la banque tirée) il est envoyé par la poste :

c) fait de créditer le compte de l'exportateur à la suite d'un ordre passé par le vendeur :

d) fait de créditer à la suite d'un ordre, le compte de l'exportateur mais sur un réseau de télécommunication privée :

e) paiement transmis par la poste :

f) émis sur l'initiative de l'exportateur, représente un engagement du client à payer à l'échéance :

g) engagement à l'initiative du client qui s'engage à payer :

h) intervention d'une société intermédiaire qui se charge du recouvrement de créances :

L'affacturage	Le billet à ordre
Le chèque de la banque	Le chèque d'entreprise
La lettre de change	Le mandat poste international
Le virement par télex	Le virement SWIFT

8 Les techniques de paiement : comprenez-vous un schéma ?

Observez le schéma d'une opération de crédit documentaire (d'après "*Exporter. Pratique du commerce international*" Éditions Foucher), lisez les textes ci-dessous et retrouvez la place de chaque texte dans le schéma donné.

Schéma d'une opération de crédit documentaire :

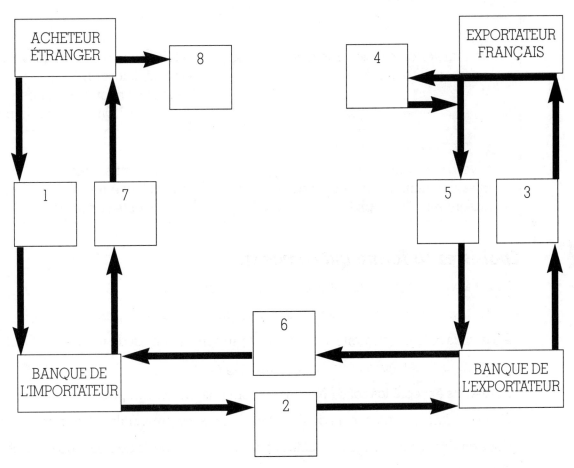

EF = exportateur français
AE = acheteur étranger

a) le banquier de EF envoie les documents au banquier de l'importateur qui le crédite en retour ;

b) l'EF remet les documents à son banquier qui les vérifie et paie l'EF ;

c) l'AE en possession des documents peut prendre livraison des marchandises ;

d) l'AE demande à son banquier d'ouvrir un crédit documentaire en faveur de l'EF ;

e) le banquier de l'EF notifie à l'EF le crédit en y ajoutant éventuellement sa confirmation ;

f) le banquier de l'importateur remet les documents à l'AE qui le rembourse ;

g) l'EF expédie la marchandise : des documents d'exportation lui sont délivrés ;

h) la banque de l'importateur ouvre un crédit documentaire en faveur de l'EF chez le banquier de celui-ci.

D'après "Exporter"
chez Foucher.

TOUT

TOUT Adjectif variable (s'accorde avec le nom qu'il accompagne).	– J'ai prévenu tous mes clients. – Il faut envisager toutes les solutions.
TOUT Pronom variable (s'accorde avec le nom qu'il remplace).	– J'ai téléphoné à nos fournisseurs, tous sont d'accord. – Avez-vous envoyé les cartes d'invitation ? Oui, toutes sont parties.
TOUT (= très) Adverbe invariable sauf devant un adjectif féminin commençant par une consonne ou "h" aspiré.	– Ils étaient tout étonnés. – Elle était tout émue. – Elle était toute confiante.

Choisissez la forme qui convient.

– Il faut envoyer des échantillons de .... la gamme.

– .... les prix doivent figurer sur .... les factures.

– Avez-vous calculé les droits de douane et préparé le contrat de transport ? Oui,
.... est prêt, nous avons .... réglé.

– Avez-vous expédié les colis ? Non, ils ne sont pas .... prêts.

– Contre .... attente, le déficit de la balance commerciale a légèrement diminué.

– Nous cherchons de .... côtés et de .... parts de nouveaux marchés.

– Selon .... apparence la situation va s'améliorer.

– À cette première réunion, il était .... timide et elle .... confiante.

QUELQUE

QUELQUE = adjectif	– Dans quelques instants.
QUELQUES-UN(E)S = pronom	– Avez-vous des formulaires ? – Oui, j'en ai quelques-uns.
QUELQUE = adverbe	– Nous travaillons avec quelque 20 pays. – Quelque confiant que vous soyez, prenez des garanties.

2

Remplacez les mots en italique par la forme correcte de "quelque".

– Il possède *plusieurs* succursales à l'étranger.

– *Si* intéressant qu'il soit, son projet d'exploitation est risqué.

– Si *un* client me demandait, faites le patienter !

– Pour notre implantation, nous cherchons un terrain d'*environ* 1000 m^2.

LES INDICATEURS TEMPORELS

3

Soulignez le mot qui convient.

– Grâce à chronopost, votre colis arrivera à destination (en, dans, pendant) 24 heures.

– Nous avons doublé notre chiffre à l'exportation (en, dans, pendant) quelques années.

– L'exportation est plus difficile (en, dans, pendant) temps de crise.

– Nous réexaminerons vos comptes (en, dans, pendant) quelques temps.

– La marchandise est restée en attente (en, dans, pendant) plusieurs heures.

4

Soulignez le mot qui convient.

– Nos prix sont inchangés (il y a, depuis, dès) 2 ans.

– (Il y a, depuis, dès) aujourd'hui 5 ans que nous travaillons ensemble.

– Nous avons établi des échanges commerciaux avec l'Est (il y a, depuis, dès) 1990.

– (Il y a, depuis, dès) quelques années, nous utilisons les transports aériens.

– Le grand marché commencera officiellement (il y a, depuis, dès) le 1er janvier 1993.

5

Soulignez le mot qui convient.

– Il n'est parti que (pour, par, sur) 8 jours.

– Il travaille un mois (pour, par, sur) an à l'étranger.

– Il passe trois heures (pour, par, sur) jour sur les chantiers.

– Nos cadres étrangers se rencontrent une fois (pour, par, sur) an.

– Nos services fonctionnent 24 heures (pour, par, sur) 24.

6 *Soulignez le mot qui convient.*

– La marchandise doit lui parvenir (à, sous, dans) 18 heures précises.

– Nous vous enverrons la marchandise (à, sous, dans) huitaine.

– Vous serez livré (à, sous, dans) 8 jours au plus tard.

– La commande fut exécutée (à, sous, dans) les plus brefs délais.

– Le camion est arrivé juste (à, sous, dans) temps.

LA COMPARAISON

Comparer, c'est établir un rapport de proportion, de ressemblance, d'inégalité entre des noms, des adjectifs, des adverbes, des verbes ou des nombres.

Ressemblance : – comme – ainsi que	– Il travaille $<$ – comme nous le lui avons appris. – ainsi que nous le lui avons appris.
Égalité : – le même que – aussi que	– Ils ont les mêmes partenaires étrangers que nous. – Savoir acheter est aussi important que savoir vendre.
Inégalité/différence : – autre – autrement (... que) – plus ... que – plutôt ... que – pire ... que – meilleur ... que (bon) – mieux ... que (bien)	– Ils ont d'autres normes que les nôtres et travaillent autrement. – Notre gamme est plus étendue que celle de nos concurrents. – Il préfère utiliser les transports routiers plutôt que les transports ferroviaires. – Ne pas vouloir s'adapter est pire que tout. – Son offre est meilleure que la vôtre. – Ces nouveaux emballages sont mieux conçus que les précédents.

La proportion :
 – selon
 – suivant
 – en fonction de
 	
 – dans la mesure (de
 / où)
 	
 – au fur
 et à mesure que
	– Vous serez jugés en fonction de vos résultats.
	                           suivant vos résultats.
	                           selon vos résultats.
	
	 – Nous retenons la candidature dans la mesure des places disponibles.
	                       dans la mesure où il y a des places disponibles.
	
	 – La concurrence augmente au fur et à mesure que le marché grandit.

7 Faites des phrases en utilisant les constructions suivantes.

– plus ... plus.   – plus ... moins.
– moins ... moins.   – moins ... plus.

Exemple : Moins nous exportons et plus notre balance commerciale est déficitaire.

8 Présentez oralement les résultats comparatifs figurant dans le tableau suivant.

Transport de marchandises : région Nice-Côte-d'Azur

	Aéroport international de Nice	Port de Nice	SNCF
Fret (en tonnes)	21809	500589 (import 97466 export 403123)	488285 (exportations 89968 arrivages 398317)

LES PRÉPOSITIONS

9 Complétez.

Vendre .... l'étranger, c'est bien mais il arrive que des entreprises soient
confrontées .... de graves difficultés. Il est donc essentiel .... prendre
quelques précautions .... éviter les impayés. La prévention de ce risque passe
.... un choix optimum du moyen de paiement. Tout choix .... mode de
paiement, suppose une bonne connaissance .... la solvabilité de l'acheteur ; c'est
la raison .... laquelle il faut connaître les moyens de règlement en usage
.... les principaux pays .... lesquels on traite.
De toute façon et .... tous les cas, il est recommandé .... demander une
garantie ou .... souscrire une assurance. Des services de renseignements se
tiennent .... la disposition des exportateurs .... leur fournir des
informations adaptées .... cas particuliers .... chacun.

LE RETARD DE LIVRAISON

1 *Analyse de la situation*

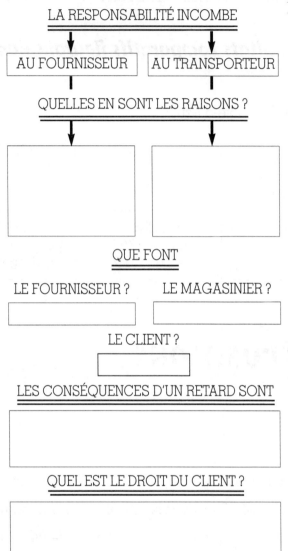

LA RESPONSABILITÉ INCOMBE

AU FOURNISSEUR — AU TRANSPORTEUR

QUELLES EN SONT LES RAISONS ?

QUE FONT

LE FOURNISSEUR ?   LE MAGASINIER ?

LE CLIENT ?

LES CONSÉQUENCES D'UN RETARD SONT

QUEL EST LE DROIT DU CLIENT ?

Voici le plan type :
– situez votre cas (date de commande et de livraison initialement prévue) ;
– rappel des réserves émises et des conditions de vente ;
– demande de dommages ;
– conclusion (attente d'un règlement rapide ou espoir que l'incident ne se reproduira plus).

2 *Retrouvez quelques expressions indispensables pour la demande de dommage.*

a) Demander réparation du préjudice ......, ... du retard ou de la perte des marchandises.

b) Prier de .... le préjudice en versant la somme de 100 000 F .... à la perte des marchandises .... sur la facture ci-jointe.

c) .... responsable du préjudice ....

d) .... à l'article 2568 du Code Civil.

e) Respecter le délai ....

3 *Imaginez une conclusion :*

– de la lettre du fournisseur au client.

– du client au transporteur.

À vous !

Monsieur Follet a commandé des meubles de bureau le 12 janvier, livrables la 1re semaine de février. Le 15 février, il n'a toujours rien reçu.
1re lettre : le fournisseur écrit qu'il n'a pas pu livrer à la date prévue (imaginez un motif).
2e lettre : la compagnie de transport est responsable : monsieur Follet écrit au transporteur.

LA NOTE DE SERVICE

4   *Définissez la note de service.*

5   *À qui peut-elle être envoyée ?*

6   *Imaginez quelques objets de notes de service.*

7   *Quel est le ton d'une note de service ? Son style ?*

8   *Quelles indications doivent y apparaître ?*

• Imaginez l'imprimé destiné aux notes de service de la SF PLUS

9   *Corrigez ces phrases tirées de notes de service afin qu'elles gagnent en précision et en correction.*

a) Dès maintenant, nous vous prions de respecter la consigne qui interdit de fumer dans les bureaux.

b) Seules les voitures qui possèdent une autorisation signée, selon le règlement, par le directeur du personnel sont autorisées à se garer là.

c) Si vous présentez simplement au chef du personnel votre billet de train ou de bus, vous pourrez toucher chaque mois une somme de dédommagement pour vos frais de transport.

d) Comme de nouveaux horaires seront adoptés vers le 2 mars, vous devez passer regarder les panneaux d'affichage pour voir vos nouveaux plannings.

10   *À vous !*

Vous travaillez au bureau du personnel d'une PME et vous êtes chargé(e) de rédiger une note de service pour informer le personnel qu'une bibliothèque ambulante viendra une fois par semaine dans l'entreprise (dans la cour, le vendredi, de 12 à 14 heures).

EXPRIMER UNE INTENTION

Les représentants de diverses compagnies de transport se réunissent pour discuter sur les perspectives offertes à leur profession avec l'ouverture des frontières européennes. Ils expliquent comment ils vont profiter des avantages et comment ils peuvent palier les inconvénients.

▷ **OUTILS !**

Nous envisageons de...
Il est fortement question de...
J'ai l'intention de...
Dans le cadre de la diversification de nos activités, nous avons étudié quelques projets..

▷ **GUIDE**

Cherchez les avantages et les inconvénients que les entreprises rencontrent avec l'Acte unique et imaginez des "réponses".

DONNER UN ORDRE

Les chefs d'équipe d'une société de transport donnent quelques directives à leur personnel pour qu'ils travaillent plus efficacement.

▷ **OUTILS !**

Évitez dès à présent de...   Soyez...
Sachez que...   Il est indispensable que...
Inutile de...   Il faut absolument que...

▷ **GUIDE**

Recherchez d'abord quelles sont les étapes dans le transport de marchandises. Pour chaque étape, imaginez un ordre correspondant.

CONVAINCRE

Si vous deviez convaincre une PME d'exporter ses produits, quels arguments choisiriez-vous ?

▷ **OUTILS !**

Il me semble absolument vital de...
Il est essentiel pour une PME de se tourner vers l'étranger pour...
Grâce à la diversité de sa gamme et à sa compétitivité...

▷ **GUIDE**

Cherchez les raisons qui amènent une société à exporter (est-ce une solution à des difficultés ou une conséquence logique de son expansion ?)

EXPRIMER L'INDIFFÉRENCE OU L'INTÉRÊT

L'abolition des frontières européennes se fait dans l'indifférence, l'intérêt ou au contraire éveille-t-elle des craintes ?

▷ **OUTILS !**

Nous avons accueilli cet événement dans l'indifférence la plus complète.

Nous sommes totalement indifférents à ...

Susciter de vives critiques, de violentes protestations, de réelles craintes.

Éveiller l'intérêt...

REFUSER

Un homme vient demander à un transporteur de transporter pour lui 25 caisses dont il refuse de révéler le contenu et l'origine, de Marseille à Hambourg. Le transporteur refuse la mission.

▷ **OUTILS !**

Je ne puis accepter...
Je regrette sincèrement de ne pouvoir accéder à votre requête, d'accepter vos conditions...
C'est par un refus catégorique que cette proposition a été accueillie...

▷ **GUIDE**

Quelles sont les garanties nécessaires au transport de marchandises ?

1
2
3
4
5
6
7
8
9

•••••••••••••••••••••••••••••

Simulation : monsieur Follet veut exporter son "Attaché-case PLUS".

Vous êtes son collaborateur (sa collaboratrice), imaginez le parcours que vous allez faire pour arriver à l'exportation (les analyses, les démarches, les études...).

Pour vous aider, voici quelques phases de ce parcours à l'exportation ; pourriez-vous les développer en expliquant ce que vous allez devoir faire à chacune d'entre elles :

la chaîne - exportation

le diagnostic-export de l'entreprise :

↓

l'étude de marché :

↓

ajustement du produit :

↓

étude des circuits de distribution :

↓

le montage financier :

↓

la constitution du prix et l'étude des techniques de paiement :

↓

la distribution physique et les procédures administratives et douanières :

L'ENTREPRISE, CINQ ANS APRÈS

PÊLE-MÊLE

✔ LES POURSUITES JUDICIAIRES
✔ LA LIQUIDATION DES BIENS

✔ L'INCOMPÉTENCE
✔ LES DROITS DE SUCCESSION
✔ LA CONJONCTURE
✔ LA PRESSION FISCALE
✔ LES CONFLITS SOCIAUX

✔ LA CONCURRENCE
✔ L'INADAPTATION

LA SF PLUS VIENT DE FÊTER

SON 5ᵉ ANNIVERSAIRE

ET A MULTIPLIÉ SON CHIFFRE

D'AFFAIRES PAR 4

DEPUIS SA CRÉATION ■

MONSIEUR FOLLET A RÉUSSI,

MAIS D'AUTRES CRÉATEURS

D'ENTREPRISE ONT ÉTÉ

MOINS CHANCEUX

ET DE NOMBREUX COMMERCES

ET ENTREPRISES ONT DANS

LE MÊME TEMPS DISPARU... ■

✔ LES DÉSACORDS
✔ LES DIFFÉRENTS
✔ LE RETARD TECHNOLOGIQUE
✔ LE MANQUE DE FONDS PROPRES

✔ LE DÉPÔT DE BILAN
✔ LE RÈGLEMENT JUDICIAIRE

✔ LA FAILLITE
✔ LA BANQUEROUTE FRAUDULEUSE
✔ LES LICENCIEMENTS
✔ LA CESSATION DE PAIEMENT
✔ LE CHÔMAGE

1
2
3
4
5
6
7
8
9

- ✔ L'AUGMENTATION DE CAPITAL
- ✔ LA PRISE DE PARTICIPATION
- ✔ LE RÉINVESTISSEMENT
- ✔ LA CONSTITUTION D'UN GROUPE
- ✔ L'AUTOFINANCEMENT
- ✔ LA PARTICIPATION
- ✔ LE CONSENSUS SOCIAL
- ✔ L'INTRODUCTION EN BOURSE

L'ENTREPRISE ET LE DROIT

Lorsqu'un commerçant ou une société sont en cessation de paiement, c'est-à-dire dans l'impossibilité de faire face à leurs engagements et leurs échéances, le tribunal de commerce prononce le règlement judiciaire.

- ✔ LE DÉVELOPPEMENT DES VENTES
- ✔ LA COMPÉTITIVITÉ
- ✔ L'ACCROISSEMENT DE LA PRODUCTIVITÉ
- ✔ L'ÉLARGISSEMENT DES ACTIVITÉS
- ✔ LE MARCHÉ PORTEUR

- ✔ LE PORTEFEUILLE
- ✔ LA SPÉCULATION

- ✔ L'OBLIGATION
- ✔ L'ACTION
- ✔ LES INTÉRÊTS
- ✔ LES DIVIDENDES
- ✔ LES VALEURS MOBILIÈRES
- ✔ LES SICAV
- ✔ LES AVOIRS
- ✔ LES TITRES

- ✔ LE MARCHÉ AU COMPTANT
- ✔ LE SECOND MARCHÉ
- ✔ LE HORS CÔTE
- ✔ LE MARCHÉ À TERME
- ✔ LA COTATION

1
2
3
4
5
6
7
8
9

Voici deux scénarios possibles pour l'entreprise

LA FAILLITE

 1

Monsieur Carmet, directeur d'une entreprise de construction mécanique, analyse les causes et les conséquences de l'échec. Complétez les cercles par l'expression qui définit la situation ou le processus donné.

LES CAUSES

○ "En France trop d'impôts pèsent sur les sociétés". (l'impôt sur les sociétés = 34 % des bénéfices).

+

○ "Il y avait incompréhension des syndicats ; un mauvais climat relationnel, des grèves".

+

○ "L'outil de production n'était plus assez performant, il aurait fallu le renouveler".

+

○ Les banques ont refusé de prêter l'argent nécessaire.

LES CONSÉQUENCES

○ "Nous avons été obligé de licencier du personnel".

+

○ "L'entreprise ne pouvait plus payer ses dettes".

+

○ L'entreprise remet au tribunal un exemplaire de ses derniers comptes. Le tribunal peut ordonner :

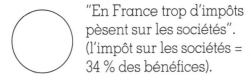

la disparition ou la reprise de l'entreprise par un repreneur ;

la continuité des activités de l'entreprise sous contrôle d'un syndic.

La liquidation judiciaire

La cessation de paiement

Le manque de fonds

Le règlement judiciaire

Le retard technologique

La réduction d'effectifs

Les conflits sociaux

La pression fiscale

Le dépôt de bilan

1
2
3
4
5
6
7
8
9

LA RÉUSSITE

2

Monsieur Pollion P-DG d'une société de matériel électronique analyse les causes et les conséquences de la réussite. Complétez les rectangles par l'expression qui définit la situation ou le processus donné.

LES CAUSES

☐ L'entreprise a reçu une aide financière publique à la création d'entreprise.

+

☐ Elle a bénéficié d'un environnement économique favorable.

+

☐ Il y avait de bonnes relations entre les différents partenaires à l'intérieur de l'entreprise.

+

☐ Et surtout une production offrant un bon rapport qualité/prix sur ce marché concurrentiel.

LES CONSÉQUENCES

☐ L'entreprise augmente considérablement ses ventes.

+

☐ Elle dégage des bénéfices qu'elle réinvestit dans l'entreprise.

+

☐ L'entreprise développe sa croissance interne en émettant 80 actions nouvelles.

+

☐ L'entreprise développe sa croissance externe en achetant des actions d'autres sociétés.

+

☐ La société a fini par détenir des filiales et des participations dans d'autres entreprises qu'elle contrôle.

L'augmentation de capital

Le marché porteur

La prise de participation

La constitution d'un groupe

La subvention de l'état

Le concensus social

L'autofinancement

La compétitivité

L'accroissement du chiffre d'affaires

LA BOURSE

3 *Complétez à l'aide des mots suivants :*

- actions
- sociétés de Bourse
- avoirs
- cotations
- cours
- dividendes
- émission

- intérêts
- marché financier
- obligations
- portefeuille
- titres
- valeur
- valeurs mobilières

Pour une société, "entrer en bourse" est une étape importante. En effet, une société cotée a accès au .... et peut financer ses investissements par l'.............. de nouvelles ....

Pour vous, particulier, constituer un .... est aussi une décision importante.

C'est l'affaire d'un spécialiste.

– Il suivra régulièrement l'intégralité des .... à la bourse pour connaître les .... du jour et l'évolution de chaque ....

– Il fera un choix judicieux de .... :

les actions qui distribuent les meilleurs .... ;

les .... qui rapportent les .... les plus élevés.

– Il achètera et vendra au bon moment sans risques inutiles.

Négocier des .... exige du savoir-faire, un mélange d'audace et de prudence.

Donc, faites confiance aux .... pour veiller sur vos ....

1 2 3 4 5 6 7 8 9

LES CLÉS DE LA RÉUSSITE

4

Voici le titre de manuels, de publications, d'articles.

– Répondez aux questions qu'ils posent.

– Donnez vos "dix trucs", vos "dix conseils" pour mener à bien son entreprise.

Comment créer une entreprise ?

Comment trouver la bonne forme juridique ?

Comment devenir son patron ?

Comment mener vos affaires ?

Comment choisir le bon créneau ?

Comment motiver votre personnel ?

Comment séduire vos nouveaux clients ?

Comment réussir ?

Comment améliorer l'image de votre entreprise ?

L'IMPARFAIT ET LE PASSÉ COMPOSÉ

L'IMPARFAIT exprime :	LE PASSÉ COMPOSÉ exprime :
a) une action répétitive – Il perdait chaque année un peu plus d'argent.	a) une action ponctuelle – Il a perdu beaucoup d'argent cette année-là.
b) une durée non achevée – À mon arrivée, il travaillait depuis trois heures.	b) une durée achevée – Ce jour-là, il a travaillé plus de trois heures.
c) une description – La conjoncture était fragile, les charges pesaient lourdement et la production semblait insuffisante.	c) une narration (récit) – La conjoncture est devenue fragile, les charges ont augmenté et la production n'a pas suffit.
d) une situation – Son entreprise prospérait.	d) un événement – Son entreprise a beaucoup progressé en quelques mois.

1 ___ ### *Choisissez l'imparfait ou le passé composé.*

Quand Pierre (*commencer*) à travailler dans cette entreprise, elle (*sembler*) prospère. L'avenir (*s'annoncer*) bien, les résultats (*s'améliorer*) sensiblement d'année en année et la demande (*augmenter*). Mais peu à peu le climat social à l'intérieur de l'entreprise se (*modifier*) : les conflits se (*multiplier*) et un jour, la grève (*éclater*). Elle (*durer*) plusieurs jours. Finalement, employés et patrons (*trouver*) un accord. Mais rien (*n'être*) plus pareil et aujourd'hui, Pierre cherche un autre emploi.

2 ___ ### *Imparfait ou passé composé ?*

– Ce n'est que cinq ans après la création de l'entreprise que nous (*commencer*) à faire des bénéfices. Pendant les trois premières années, en particulier, mon associé et moi (*toucher*) un maigre salaire.

– Par la suite, nous (*pouvoir*) réinvestir dans l'entreprise, améliorer notre outil de production et embaucher du personnel.

– Le marché (*sembler*) porteur : alors nous (*élargir*) notre gamme pour satisfaire une clientèle qui (*augmenter*) et dont les besoins (*être*) de plus en plus variés.

– Deux ans plus tard, nous nous (*lancer*) dans la grande aventure : l'exportation. Nous (*gagner*) notre pari !

LE PLUS-QUE-PARFAIT

Formation : *avoir* ou *être* à l'imparfait + participe passé.
– J'avais voulu.
– J'étais sorti.

Valeurs : il exprime une action qui s'est passée avant une autre.
– Quand je suis arrivé, il était déjà parti.

Le plus-que-parfait sert aussi à exprimer un regret.
– Ah, si j'avais su !

3 Réécrivez ce texte en le mettant au passé.

En 1988, deux frères décident de créer leur propre entreprise. Ils n'ont pas beaucoup de fonds personnels mais ils sont pleins d'enthousiasme et d'énergie.

Ils s'adressent d'abord à leur banquier qui étudie leur projet et leur accorde un prêt. Mais ce n'est pas suffisant. Heureusement, la famille et les amis se laissent convaincre et en quelques mois ils montent leur affaire. Au début tout va bien. Les premiers résultats semblent même encourageants, mais la bonne volonté ne suffit pas toujours !

Peu à peu apparaissent les premières difficultés et les premières disputes.

Ils se rendent compte qu'ils n'ont pas tout prévu et que pour passer du rêve à la réalité, il ne faut pas seulement compter sur la chance.

L'histoire se termine mal, puisque trois ans plus tard les deux frères doivent déposer le bilan.

4 Classez dans le tableau suivant les verbes du texte précédent en fonction de leur utilisation.

	Description	Situation	Durée achevée	Durée non achevée	Narration	Événement
Imparfait						
Passé composé						
Plus-que-parfait						

ACTIVITÉS GRAMMATICALES

1 2 3 4 5 6 7 8 9

L'EXPRESSION DE L'OPPOSITION, DE LA CONCESSION

– mais	– Elle a fait des efforts, mais elle a échoué.
– pourtant – cependant	– Elle avait peu de moyens et pourtant elle a réussi
– en revanche – par contre – au contraire	– Les premières années ont été difficiles, par contre les années suivantes ont été prospères.
– même si – alors que } + INDICATIF – tandis que	– Même si la situation économique s'améliore, il sera obligé de licencier. – Les résultats progressent dans certains secteurs, alors que la situation se détériore dans d'autres.
– au lieu de + INFINITIF	– Travaillez au lieu de plaisanter !
– malgré – en dépit de } + NOM	– Malgré ses efforts, il a échoué.
– avoir beau + INFINITIF	– Elle aura beau faire et aura beau dire, elle ne me convaincra pas.

5 Réécrivez chacune des deux phrases suivantes de trois façons différentes sans en changer le sens (malgré, avoir beau, même si, alors que).

– Il a bien réussi et pourtant il n'est jamais satisfait.

– Il augmentera le capital de la société, mais ça ne suffira pas.

CONJONCTIONS D'OPPOSITION + SUBJONCTIF

– bien que – quoique	– Bien que la conjoncture soit difficile, il veut investir.
– quelque – (aussi) si $\Big\}$ + ADJECTIF + que	– Si difficile que ce soit, il faut le faire.
– qui que – quoi que – où que	– Quoi que vous décidiez, où que vous alliez, avertissez-moi.
– quel que – quelle – quels – quelles $\Big\}$ + être	– Quels que soient les résultats, il faut continuer.

6 Transformez les phrases de façon à utiliser le subjonctif (sans changer le sens).

– Vous faites des affaires et pourtant vous vous plaignez.

– Il possède déjà un portefeuille boursier mais il hésite à investir davantage.

– Il n'a pas de successeur, mais il a trouvé un repreneur.

7 Utilisez quoique ou quoi que.

– ...... vous ayez déjà pris certaines mesures, et ...... vous fassiez, la faillite est inévitable.

LES PRÉPOSITIONS

8 Complétez.

Pour avoir accès .... toute l'information boursière, pour bénéficier .... nos meilleurs conseils et .... saisir les opportunités, abonnez-vous .... notre bulletin mensuel.

Grâce .... nos simulations, vous pourrez aussi mettre .... l'épreuve vos talents .... opérateur sans risquer .... tout perdre !

LA LETTRE DE RÉCLAMATION

1 Observez et complétez le texte avec la liste de mots suivants :

à ce jour – aujourd'hui – annuler – brefs – conditions générales de vente – délai de livraison – effectuer – effectuée – en possession – envoyer – faire – petits – perturber – préjudiciable – procéder – rapides – réglementations – temps de livraison – urgent

Le 16, août nous avons commandé un bureau réf. 25987654 et 20 tables réf. 13389524. Vos (1) .... prévoyant un (2) .... de 3 semaines, nous sommes étonnés de n'avoir encore rien reçu (3) .... Comme nous avons un besoin (4) .... de ce matériel, vous comprendrez combien ce retard peut nous être (5) ....

Aussi nous vous prions donc de bien vouloir (6) .... à la livraison dans les plus (7) .... délais. Si nous n'étions pas (8) .... de ces articles le 25 septembre, nous nous verrions dans l'obligation de (9) .... notre commande et de refuser toute livraison (10) .... après cette date.

Nous vous prions d'agréer, Messieurs, l'expression de nos salutations distinguées.

2 Réponse à une lettre de réclamation.

À la 2e ligne, complétez par : arrivés / parvenus / venus.
À la 3e ligne, trouvez un synonyme de : confiés.
Remplacer les verbes "faire" par des verbes plus précis.

Nous avons reçu votre lettre du 15 septembre et nous sommes surpris que les articles commandés le 16 août ne vous soient pas encore ....
Nous les avons confiés au SERNAM le 20 août et vous auriez dû les recevoir dans les cinq jours qui suivaient. Nous demandons aujourd'hui même au bureau expéditeur de faire les recherches nécessaires et nous vous conseillons sans tarder de faire des réserves auprès du SERNAM pour le préjudice que pourrait vous faire ce retard.
Nous espérons que vous continuerez à nous faire confiance.

3 À vous !

Dans l'exercice 2, la raison invoquée concerne le transporteur. Imaginez une réponse où la raison invoquée concerne un cas de force majeure (une grève, un incendie, etc...).

Pour vous aider : rester en souffrance .... un incident indépendant de notre volonté .... à notre grand regret .... nous espérons que ce contretemps ne nuira pas à la marche de votre entreprise .... que vous ne nous tiendrez pas rigueur de ce retard indépendant de notre volonté ....

UNE ÉTUDE DE CAS

Monsieur Follet prévoit d'agrandir et de restructurer sa boutique située dans le centre de Paris et de l'ouvrir de 10 heures à minuit.

Concevez les dispositions qu'il doit prendre.

4 La carte publicitaire destinée à ses clients.

5 La note de service pour informer les vendeurs des nouveaux horaires qu'ils auront à assurer.
(réfléchissez aux horaires possibles compte tenu de la législation en vigueur en France)

6 Le télex envoyé aux fournisseurs.
(de nouveaux rayons vont être ouverts et de nouveaux produits seront proposés à la clientèle... Monsieur Follet souhaite rencontrer les représentants...)

7 L'annonce pour recruter 2 vendeurs (vendeuses).
(Noter les horaires fixés dans l'exercice 5).

8 Les nouvelles cartes professionnelles.

METTRE EN GARDE

L'entreprise de Monsieur DUROY qui installe des placards dans les immeubles récents ne semble pas florissante : imaginez les mises en garde que son expert comptable pourrait lui formuler pour éviter le dépôt de bilan.

 **OUTILS !**

Attention ! prenez garde ! méfiez-vous ! il faudrait surveiller...

▷ **GUIDE**

analysez les problèmes et les difficultés qui annoncent le dépôt de bilan.

EXPRIMER UNE INQUIÉTUDE

De nombreux commerces ferment. 2 commerçants expriment leurs inquiétudes et pensent que la franchise pourrait être une solution valable à leurs craintes. Imaginez leur dialogue.

▷ **OUTILS !**

Je crains que (+ subj)...
J'ai bien peur que (+ subj)...

▷ **GUIDE**

Analysez les difficultés rencontrées par les commerçants en période de crise ou de difficulté financière. Dressez – en la liste ; essayez à chaque point de réfléchir si la franchise apporterait une solution.

ANNONCER

De nombreux licenciements vont avoir lieu dans les chantiers navals :
– le ministre de l'industrie au cours d'une conférence de presse ;
– un journaliste de télévision au journal de 20 heures ;
– le chef du personnel aux syndicats ;
– le salarié à sa famille ;
... chacun l'annonce à sa manière.

▷ **GUIDE**

Le Ministre évoque les raisons économiques (en raison de la conjoncture économique... être dans l'obligation de...).
Le journaliste s'efforce de présenter l'événement sur un ton impersonnel (de nombreux licenciements ont été annoncés, sont prévus...).
Le chef du personnel présentera le licenciement dans les termes du code du travail (le délai de préavis, verser des indemnités...).
Le salarié va exprimer les conséquences sur sa vie quotidienne (être renvoyé – être au chômage, s'inscrire à l'ANPE).

EXPRIMER L'ALTERNATIVE

Une entreprise a bien réussi : que peut-elle faire ?
(s'aggrandir, créer une succursale, une franchise, épargner, exporter...)

▷ **OUTILS !**

Nous nous trouvons face à des choix.
Nous hésitons entre...
Plusieurs solutions s'offrent à nous...

▷ **GUIDE**

Quels sont les avantages et les inconvénients de chaque formule ?

EXPRIMER SON APPROBATION

La société SF PLUS a triplé son CA en 5 ans. Monsieur Follet réunit le personnel et tient à le féliciter chaleureusement. Aidez-le à préparer son discours qui dresse le bilan de ces 5 premières années et présente les perspectives...

▷ **OUTILS !**

Je tiens à vous féliciter pour...
C'est avec plaisir que...
Les perspectives s'annoncent bonnes..

Le jeu de l'oie

SOLDE DÉBITEUR. Reculez de 5 cases !	Qu'est-ce qu'une lettre de CHANGE ?	Qu'est-ce qu'une lettre de CRÉDIT ?	Qu'est-ce qu'une lettre de VOITURE ?	Qu'est-ce que le FISC ?	**PRIME ! Avancez de 3 cases !**
Un synonyme de RÉDUCTION ?					Où s'inscrit le commerçant ?
Citez 3 supports publicitaires		Qu'est-ce qu'une centrale d'achat ?	**Report d'échéance Passez votre tour !**		Qu'est-ce qu'un connaissement ?
Qui perçoit des HONORAIRES ?		Nom de la modification au contrat d'assurance ?	Qu'est-ce qu'une PME ?		Définition du SMIC ?
Ce que rapporte une OBLIGATION		Définition de CA ?	OPA Réussie BRAVO !		Somme payée à l'assureur par l'assuré
Qu'est-ce qu'une ACTION ?		Définition de VPC ?			Citez deux modes de paiement
Définition de SARL ?		Que signifie HT et TTC ?			Qu'est-ce qu'une VENTE AUX ENCHÈRES ?
Le contraire de LICENCIER ?		**Vous avez tiré un chèque sans provisions Retour case 15**	Les composantes d'un BILAN ?	Que veut dire TVA ?	**Poursuivi pour fraude fiscale Reculez de 10 cases !**

131

CORRIGÉS

Unité 1

1. a) évaluer b) choisir c) accomplir d) lancer e) définir f) élaborer.

2. a) la conjoncture économique — la volonté d'être son propre patron (goût de l'indépendance) — la position sociale — le goût du risque ;
b) les charges sociales élevées — la crise — le risque financier — la fiscalité lourde.

3. a) lancer une innovation b) s'implanter au cœur d'une région c) cibler la clientèle d) trouver un créneau e) s'assigner un objectif f) établir un budget prévisionnel.

4. SNC = Société en nom collectif, EURL = entreprise unipersonnelle à responsabilité limitée, SARL = société à responsabilité limitée, SA = société anonyme.

5.

Entr. indiv.	SNC	EURL	SARL	SA
		50 000 F	50 000 F	250 000 F
totale sur le patrimoine	totale sur le patrimoine	l'apport initial	l'apport initial	l'apport initial
1	2	1	2	7

6. La société en commandite simple — la société en commandite par actions — la SCOP (la société coopérative de production) — l'association loi 1901 à but non lucratif — la société civile.

7. Ce sont des parts de capital d'une société, mais les parts sociales sont des parts de SARL et les actions sont des parts de SA.

8. 1. La recherche. 2. la production. 3. le conditionnement. 4. l'expédition.
a) le laboratoire. b, c) la chaîne ou l'atelier. d) la salle d'expédition.

9. 1 e+i 2 c+j 3 b+d 4 f+h 5 g+a.

10. 1/f 2/g 3/i 4/d 5/a 6/h 7/j 8/e 9/b 10/c.

11.

gérer :	la gestion	le gérant	copier-
soustraiter :	la sous-traitance	le sous-traitant	imiter-
contrefaire :	la contrefaçon	le contrefacteur	falsifier
contrefaire :			copier, imiter, falsifier.

12. 1. sociétés de capitaux   3. sociétés de personnes   5. chiffre d'affaires   7. collecteur
2. personnes physiques   4. professions libérales   6. exonérées

Unité 2

1. Placer / approvisionner / déposer / virer.

2. M. Poirié → facilité de caisse / M. Volant → crédit à la consommation / M. et Mme Enclos → crédit immobilier / Mme Soltène → avance de fonds / M. et Mme Koi → un découvert.

3. a/2 // b/3 // c/4 // d/1 // e/5.

4. Monnaie / chèques / distributeur automatique / factures / prélèvement automatique / montant / portefeuille / opération / relevés / solde / conseiller / patrimoine.

5. devises // agios // opposition // procuration.

6. capital social / crédit à court terme / plan de trésorerie / insuffisance de trésorerie / facilité de caisse / découvert / escompte.

7. retirer / endosser / clôturé / vérifier / donné. **8.** jamais / règlement / argent liquide / rend / détenteur.

Unité 3

1. 1/f 2/h 3/d 4/g 5/c 6/b 7/e 8/a. **2.** Engager – recruter – embaucher.

3. exigées, indispensable, souhaitée, nécessaire.

4. 1 psycho-morphologie 2 numérologie 3 astrologie 4 graphologie.

6. 1 Sans sécurité 2 le matin ou l'après-midi 3 petite et moyenne entreprise 4 enseignement dont peut bénéficier tout salarié 5 changer de métier 6 a perdu son emploi pour des raisons économiques. a) temps partiel : 2 ou 3 jours par semaine (mi-temps, voir 2) ; la démission est une décision du salarié, le licenciement est une décision de l'employeur ; se reconvertir = changer de profession, se recycler = compléter ou ré-actualiser sa formation. b) le recyclage, la reconversion, la démission, le licenciement. c) la précarité.

7. illégal l'illégalité / mécontent le mécontentement / désagréable le désagrément / mensuel la mensualité / annuel une annuité.

8. Il démissionne — il licencie — préavis — chômage — indemnités — proportionnelles.

9. Le syndicat — lancer un ordre de grève — une négociation — aboutir — manifester — évacuer — le préavis de grève — le piquet de grève.

10. 1 Grève du zèle — 2 grève sauvage — 3 grève tournante — 4 grève perlée — 5 grève générale.

Unité 4

3. 6 / 8 / 2 / 7 / 9 / 4 / 1 / 3 / 5 / 12 / 11 / 10.

4. 1/d // 2/a // 3/b // 4/g // 5/h // 6/f // 7/e // 8/c.

5. Envoi de prospectus / affichage / démonstration publique...

Unité 5

1. a) La raison sociale b) trié c) un sigle d) affranchi e) le combiné f) la bureautique g) pointer h) variable i) une plage horaire fixe.

2. Signer : en bas d'un texte apposer sa signature,
endosser : signer au dos (du chèque),
émarger : signer dans la marge face à son nom,
contresigner : signer une 2ème fois = contrôle,
soussigné(e) : qui a signé en bas du document,
parapher/parafer : signer d'une signature abrégée.

3. 1 L'écran 2 L'unité centrale et le lecteur de disquette 3 Le clavier 4 La souris 5 L'imprimante.

4. 1 f, 2 c, 3 h, 2 c, 4 b, 5 a, 6 d, 7 e, 8 g

5. a) le numéro vert b) la télécarte c) la carte France Télécom d) le répondeur téléphonique e) l'euro-signal f) la téléréunion g) minitel (le terminal) le télétel (l'ensemble des services) h) l'annuaire électronique sur le minitel j) l'audioconférence et la visioconférence.

6. 1/g 2/e 3/a 4/f 5/c 6/i 7/b 8/h 9/j 10/d.

Unité 6

1. Commerce intégré : les grands magasins, les magasins populaires, les magasins à succursales multiples, les grandes surfaces, les coopératives de consommation, les centrales d'achat.

Commerce associé : les groupes d'intérêt économique, les chaînes volontaires, les franchises, les centres commerciaux, les magasins collectifs d'indépendants (les galeries marchandes).

2. a) le commerce de proximité
b) la zone de chalandise
c) la compétitivité
d) le tissu commercial
e) le nantissement

3. 1. les grands magasins
2. les magasins populaires
3. l'hypermarché
4. le supermarché
5. le centre commercial
6. la franchise
7. les magasins à succursales multiples
8. le commerce de détail (le petit commerce)

4. 1/f 2/b 3/i 4/e 5/c 6/j 7/h 8/d 9/g 10/a.

5. Toutes taxes comprises / taxe sur la valeur ajoutée / hors taxes.

6. Contrôler ou bloquer les prix, les libérer.

7. Soldes — liquidation en cas de cessation de commerce ou de modification de structures (ces ventes doivent obtenir une autorisation).

8. Tous 2 sont des ventes à prix réduit. Les circonstances sont différentes : le prix de lancement est pour un produit nouveau, le prix promotionnel est pour un produit qui existe déjà et dont on veut pousser les ventes.

9. 1 Responsabilité – 3 avenant – 5 indemnités-témoin – 9 résilier – 11 préjudice – 13 déclarations – 15 franchise – 18 garantie

B sinistre – D suspendre ; prime – G amiable – J Bonus ; clause – K police – M tiers ; mutuelle – O constat ; courtier – Q agent ; malus.

10. Mot mystère : abonnement.

Unité 7

1. a) Les recettes b) le crédit c) une dette d) le passif.

2. a/résultat ; b/chiffre d'affaires ; c/bilan ; d/bénéfices ; e/échéancier ; f/ressources.

3. 1. bd ; 2. bd ; 3. bde ; 4. de ; 5. a.

4. A/provision // B/réserve // C/exercice // D/charge // E/mise // F/fonds.

6. . Un bulletin de salaire / rémunérer.

7. . a) des honoraires // b) un traitement // c) une solde // d) des gages // e) un cachet // f) un salaire.

8. . a) augmentation de capital (actions) // b) emprunt obligataire (obligations) // c) prêt bancaire // d) autofinancement.

Unité 8

1. 1. le connaissement 2. la charte-partie 3. la lettre de transport 4. une lettre de voiture 5. une feuille de route 6. le récépissé 7. la lettre de voiture 8. la convention 9. la lettre de voiture.

2. Emballée — d'avarie — une présomption — le dommage — d'exonération.

3. Le libre échange, le protectionnisme.

4. l'OCDE : Organisation de Coopération et de Développement Économiques
la CE : la Communauté Européenne
l'AELE : Association Européenne de Libre-Échange

TIF : transit international par chemin de fer
TIR : transit international par route
TRI : transit routier intérieur

5. L'importateur ; le concessionnaire ; l'agent commercial.

6. 1 L'assureur — 2 d'expérience — 3 garanties — 4 gamme — 5 prospecter — 6 sélectionner — 7 obtenir — 8 proposer — 9 investir — 10 bénéficier.

7. a) le chèque de la banque   e) le mandat poste international
b) le chèque d'entreprise   f) la lettre de change
c) le virement par télex   g) le billet à ordre
d) le virement SWIFT   h) l'affacturage

8. 1d 2h 3e 4g 5b 6a 7f 8c.

Unité 9

1. Les causes : la pression fiscale / les conflits sociaux / le retard technologique / le manque de fonds.
Les conséquences : la réduction d'effectif / la cessation de paiement / le dépôt de bilan / le règlement judiciaire / la liquidation judiciaire.

2. Les causes : subvention de l'état / marché porteur / consensus social / compétitivité.
Les conséquences : accroissement du CA / autofinancement / augmentation du capital / prise de participation / constitution d'un groupe.

3. marché financier / émission / actions / portefeuille / cotations / cours / valeur / valeurs mobilières / dividendes / obligations / intérêts / titres / sociétés de Bourse / avoirs.

ACTIVITÉS GRAMMATICALES

Unité 1

2. Faute d'argent, il n'a pas pu ... / À cause de son impatience, il a échoué / ... M. Follet ... pour sa compétence.

3. Parce que / puisque / parce que et que / puisque.

4. Une fois que (p. antérieur). / Après que (p. antérieur). Alors que (imparfait). / En attendant que (subj.).

6. À partir du moment où vous aurez choisi la forme juridique vous pourrez entreprendre les autres formalités. / Avant de créer votre entreprise, faites toutes les études nécessaires. / Pendant les trois premières années d'activité, vous risquez de gagner moins qu'en étant salarié. / Une fois que vous aurez déterminé les tendances économiques de la région, vous choisirez votre lieu d'implantation.

8. parce que / pour que / depuis que / parce qu'il / pour que / quand / afin que.

9. en raison de / par peur du / avant que / pour que / une fois que / afin de / de manière à ce que / pour.

10. parce que / tel / alors que / parce que.

11. Pour / par / à / d' / d' / à / pour / sur / pour / à.

Unité 2

3. une question, une conséquence (tellement), une question, une intensité, une affirmation.

4. ayez / perdriez / fournissiez / aviez possédé.

6. Vous serez reçu par un conseiller financier / j'ai été accueilli à l'entrée par une hôtesse / toutes les opérations courantes sont réalisées par la banque automatique / ces nouveaux services sont très appréciés par nos clients / votre dossier sera personnellement suivi par un attaché commercial.

9. J'ai besoin de devises, je vais toujours quelque part / j'ai besoin d'un chéquier, je n'utilise jamais d'argent liquide / j'ai besoin d'un livret et d'un plan ; j'ai des économies / j'ai besoin d'un conseiller financier, j'ai beaucoup d'argent et j'ai déjà gagné au loto / je n'ai pas encore tout ce qu'il me faut. Je veux autre chose, j'ai vraiment besoin de quelque chose. Et vous ?

11. de / à / pour / à / pour / sur / du / à / à / pour / à / sur / sur.

Unité 3

1. qui / où / qu' / qui / dont.   **2.** que / dont / qui.   **3.** qui / dont / que / où / que / où / qui / que / qui / dont.

4. Pour laquelle on est prêt à se battre / sur lequel il travaille depuis trois mois / grâce à laquelle il sera indépendant / sur laquelle il comptait pour montrer ses compétences / à partir desquels vous serez jugé.

6. Il lui précisa d'abord que pour cet emploi il avait besoin d'une personne parfaitement bilingue qui devrait avoir ... / puis il lui demanda, si elle parlait plusieurs langues, si elle avait travaillé à l'étranger et si elle serait rapidement disponible, et enfin il lui recommanda de ne pas oublier de laisser ses coordonnées.

7. Ces / ces / ces / ses / ses / ces /

8. votre / vos / vos / vos / vos / les leurs / nos.

9. mon / ma / mes / mes / mes / ma / votre / vos / les miens / mon / votre.

10. de / à / pour / de / sans / sans / avec.

Unité 4

1. en / lui / la / lui / en / y / eux / les / les.

2. oui, nous les lui avons proposés / oui, nous les leur avons montré / oui, nous leur en avons offert un / oui, je le lui ai envoyé.

3. essayez-les ! / profitez-en ! / économisez-la ! / goûtez-les ! / allez-y !

4. nous leur en avons envoyé / elle y participera / nous y avons pensé / nous en avons visité plusieurs / nous nous y rendrons.

5. des échantillons / des affiches / des invitations / des messages / des concours / des prospectus / des enquêtes.

8. nous / moi / elle.

9. avec / sans / à / sur / dans / sur / sur / à / à / à / à / à / de / à.

Unité 5

2. Il faut que vous prépariez l'ordre du jour / il vaut mieux que vous fassiez ... / il suffit que vous envoyiez / il est urgent que vous classiez.

3. Je ne crois pas que mes consignes aient été respectées / nos correspondants ne pensent pas qu'il soit nécessaire de reporter la réunion / nous n'estimons pas qu'il faille changer ces directives / je n'ai pas l'impression que vous ayez compris.

8. mette / mettra / sache / puisse / possède / soit.

9. à / sous / à / d' / à / à / sur / de / sans / en / de / d' / sur.

Unité 6

1. En lisant plus attentivement / en vérifiant / en vendant à prix coûtant / en roulant trop vite.

2. Si vous vendez par correspondance ... / si tu avais payé comptant / si tu ajoutais un avenant.

3. En arrivant ; En faisant ; en vous fiant ; en prenant ; en accomplissant ; en composant.

4. enregistrant → p. présent / intéressant, séduisant → adj. verbal / pouvant → p. présent / étonnants, convaincant → adj. verbaux / en achetant → gérondif / portant, réclamant, ne prenant → p. présent / en remplissant, en détachant, en la laissant → gérondif.

6. Je serai devenu / j'aurai enregistré / j'aurai remboursé / auront disparu / on les aura remplacées / auront laissé.

7. de / pour / contre / pour / aux / de / à / avant / de / de / d' / à / à / dans / de.

Unité 7

1. Quarante quatre pour cent / cinq cent cinquante et une / soixante quinze mille et cent dix-sept mille francs / dix neuf virgule soixante-seize milliards de francs / deux cent soixante et onze / quatre-vingt dix-sept emplois en cinq ans.

2. Zéro zéro deux / un million neuf cent cinquante huit mille neuf cent vingt-huit / quatre cent cinquante-quatre / zéro zéro trente mille trente-neuf / cent vingt-sept / un million cent trente-quatre mille cinq cent quarante-deux / zéro quatre-vingt-dix-neuf / zéro cent trente-cinq mille six cent soixante-dix.

3. estimait / s'amélioreraient / pourrait / pensait / bénéficierions / seraient / espérions / aurait raison.

7. à / pour / par / par / avec / de / avec / à / à.

Unité 8

1. toute / tous, toutes / tout, tout / tous / toute / tous, toutes / toute / tout, toute.

2. quelques / quelque / quelque / de quelque.

3. dans / en / en / dans / pendant.

4. depuis / il y a / dès / depuis / dès.

5. pour / par / par / par / sur.

6. à / sous / dans / dans / à.

9. à / à / de / pour / par / du / de / pour / dans / avec / dans / de / de / à / pour / aux / de.

Unité 9

1. a commencé / semblait / s'annonçait / s'amélioraient / augmentait / s'est modifié / se sont multipliés / a éclaté / a duré / ont trouvé / n'était.

2. avons commencé, avons touché / avons pu / semblait, avons élargi, augmentait, étaient / sommes lancés, avons gagné.

3. ont décidé / n'avaient / étaient / se sont d'abord adressé / a étudié / leur a accordé / n'était / se sont laissé convaincre / ont monté / allait / semblaient / sont apparues / se sont rendu compte / avaient / fallait / s'est mal terminé / ont dû.

5. Malgré sa réussite, il n'est jamais satisfait / il a beau avoir réussi ... / même s'il réussit, il n'est jamais ... / il n'est jamais satisfait alors qu'il a bien réussi /
même s'il augmente le capital, ça ne suffira pas / malgré l'augmentation de capital, ça... / il aura beau augmenter le capital ...

6. Bien que vous fassiez des affaires, vous vous plaigniez / quoiqu'il possède déjà un portefeuille ... / bien qu'il n'ait pas de successeur...

7. quoique / et quoi que.

8. à / de / pour / à / à / à / d' / de.

COMMUNICATION ÉCRITE

Unité 1 :

1. 1 l'en-tête/2 la suscription/3 la date et le lieu/4 les références/5 l'appellation/6 l'attaque/7 le corps de la lettre/8 conclusion et formule de politesse/9 la signature/10 les renseignements complémentaires.

2. a) La suscription = la vedette / l'appellation = le titre de civilité ou l'interpellation ou la formule d'appel ;

b) la raison sociale, le statut juridique et le capital social, l'adresse, le numéro de téléphone, le numéro d'immatriculation au registre du commerce, le numéro de fax ou de télex, éventuellement le numéro de CCP et le centre ou les références du compte bancaire ;

c) les références de la lettre à laquelle on répond et les références de la réponse / l'objet / les pièces jointes et leur nombre ;

d) Monsieur le Directeur, Monsieur le Maire, Monsieur le Président, Monsieur le Chef de Service, Monsieur le Chef du Personnel, Maître, Docteur (uniquement pour un médecin !)

e) p/o = par ordre/P.J = pièce(s) jointe(s)/R.C = registre du commerce/R.C.S. = registre du commerce des sociétés/cedex = courrier d'entreprise à distribution exceptionnelle/n.ref. = nos références/v.ref. = vos références.

3. Voudriez-vous avoir l'obligeance de nous faire parvenir par retour de courrier (= dans les meilleurs délais, dans les plus brefs délais) notre dernier catalogue ainsi que vos prix courants.

Veuillez croire, Messieurs, à l'assurance (= recevez, messieurs, l'assurance) de nos salutations les meilleures.

Je vous serais reconnaissant de m'envoyer des renseignements détaillés (de plus amples renseignements) concernant...

4. Sentiments distingués, respectueux, dévoués, les meilleurs.

Salutations les meilleures, distinguées, respectueuses, empressées, les plus cordiales.

5. Carte professionnelle : a) raison sociale, son logo, sa spécialité, nom de la personne à contacter et sa fonction dans l'entreprise, adresse de l'entreprise, numéros de téléphone et de fax.

b) pour laisser ses coordonnées à un client, pour écrire un prix ou un renseignement professionnel ; c'est pratique car tous les renseignements utiles sont déjà imprimés.

c) le verbe est à la 3ᵉ personne.

Carte personnelle : a) nom, prénom, adresse, et éventuellement la profession exercée : les coordonnées

b) pour accompagner un règlement, pour demander un renseignement ou un catalogue, pour remercier, inviter, féliciter ; elle reste impersonnelle et évite la lettre toujours plus longue et qui impose une présentation et des formules type.

c) le verbe est à la 3ᵉ personne.

6. a) vous souhaitent bonne réception du chèque de 350 F en règlement du dictionnaire reçu ce jour.

b) souhaite recevoir dans les meilleurs délais une documentation complète sur votre gamme de produits.

c) sera heureux de vous accueillir sur son stand lors du salon du meuble qui aura lieu (= se tiendra) du 15 au 26 avril.

Unité 2

1. Relevé ; opérations ; erreur ; sur ; tiré ; encaissement ; crédit ; saurais ; recherches ; crédit.

2. a) clôturer ; virer ; le solde ; relevé d'identité bancaire (RIB);

b) ce jour, prélèvement ; viré, à découvert (= présenter un solde débiteur) ;

c) faire opposition au… ; à l'ordre de.

4. a) raison sociale : nom sous lequel l'entreprise est déclarée.

b) le siège social : adresse où se trouve la direction générale de l'entreprise.

5. Nom du mari ou de l'épouse, nom d'une femme avant son mariage, personne couverte par un droit (à une assurance, par exemple).

6. a) cochez la case correspondante b) entourez   c) barrez la mention inutile d) soulignez e) biffer = rayer, barrer

7. 1/b 2/a 3/c lettres capitales = lettres majuscules

8. a) Un formulaire, b) un bordereau, c) un récépissé, un reçu, une quittance.

9. a) Le formulaire signé ne peut pas être reconnu comme une promesse de vente b) c'est une signature abrégée (juste les initiales) c) signer dans la marge.

10. Lu et approuvé.

Unité 3

1. Parue / a retenu / solliciter / vacant / titulaire / acquis / similaire / ci-joint / informations / disposition / fixer.

4. Profil de l'entreprise : PME, en expansion, leader (mondial, français).

Description du poste : emploi stable, emploi évolutif ; poste à pourvoir immédiatement, poste-clé ; au sein d'un service de gestion ; déplacements fréquents.

Diplôme : BAC + 2, BTS.

Expérience : 1ère expérience réussie ; ... serait un plus ; 2 ans expérience souhaitée (souhaitable) expérience dans ... indispensable ; maîtrise du traitement de texte, notions d'anglais.

Qualités du candidat : qualités requises, bonne présentation ; sens du contact (des relations humaines) ; goût pour ..., disponibilité ; organisé, méthodique ; travail en équipe.
Contrat : mi-temps, CDD (contrat à durée déterminée).
Rémunération : envoyer prétentions, salaire motivant, salaire suivant capacités, SMIG.
Réponse : envoyer lettre de motivation, lettre manuscrite + CV.

Unité 4

1. 1 d : quoi ? et quand ? (objet de la lettre)

2 c : 1er avantage : présentation de la gamme Peugeot et des nouveautés

3 a : avantages financiers

4 e : dernier avantage : le concours

5 b : conclusion et formule de politesse

2. 1 b/2 c/ 3a /4 c/5 a/6 b/7 b/8 a/9 c/10 c.

4. 1. Sans engagement de ma part 2. affranchir 3. timbrer 4. en vigueur 5. préférentiel 6. valable 7. métropolitaine 8. prendre contact 9. par foyer 10. disponibles.

5. C'est une carte ou une lettre accompagnée d'un coupon-réponse prédécoupé envoyée à plusieurs personnes et destinée à leur communiquer une information ou un rendez-vous ; grâce au coupon-réponse ils répondent s'ils sont intéressés ou s'ils peuvent honorer le rendez-vous.

Sur l'avis doivent apparaître : la raison sociale, l'information précise (objet, date et lieu, qui est concerné qui organise, qui intervient)

Sur le coupon réponse doivent apparaître : la raison sociale, l'objet, la date le lieu pour une réunion / la question clairement posée pour un sondage ou un planning, le nom de la personne concernée sa fonction ou son service, "présence indispensable" ou "présence vivement souhaitée" une grille pour la réponse (dans le cas d'une question) éventuellement la raison pour une impossibilité de répondre positivement à une convocation, les modalités de renvoi (adresse, nom de personne, date limite du renvoi).

6.

MUTOR
Avis de convocation

En raison de la prochaine commercialisation du MUTOR I 24 de conception entièrement révolutionnaire, Messieurs MASSON et FLORENT organisent les 23 et 24 janvier dans la salle de conférence du siège social, 2 journées de présentation et de formation technique destinée à tous les agents commerciaux de la société.

- -

MUTOR
Journées de formation : présentation du MUTOR I 24

Les 23 et 24 janvier
Salle de conférence du siège social
de 9 h à 18 h (les repas sont pris sur place)

Présence de tous indispensable

Nom et prénom	assistera
	ne pourra pas assister
secteur	raison : ....

À renvoyer sous enveloppe timbrée adressée,
à Madame Letiche au siège social avant le 10 janvier.

Unité 5

1. a) Annonce b) catalogue c) télévente ou autre contact téléphonique d) visite d'un commercial e) visite d'un stand lors d'une exposition.

a) votre annonce parue dans le (citer le journal) du (date de parution) a retenu mon attention nous a vivement intéressés ;

b) votre catalogue (références : date, saison, titre) nous est bien parvenu et nous vous en remercions ;

c) au cours de notre conversation (ou communication) téléphonique du (date) ... ;

d) suite à la visite de Monsieur ... (ou Madame ...), je me permets de vous contacter afin de ... ;

e) suite à votre accueil (à notre contact) sur votre stand lors du salon (donnez son nom, sa date)... .

2. a) Pourriez-vous avoir l'obligeance de ...
  b)   l'amabilité de ...
  c)   l'extrême amabilité de ...
  d)   l'extrême obligeance de ...

e) je vous saurais gré de ...

f) nous vous serions reconnaissants de bien vouloir ...

3. a) Nous vous remercions de l'attention que vous prêterez à notre demande et...

b) dans l'attente d'une prompte réponse...

4. a) ... compter au nombre de ... d'agréer ...

b) ... en relation ... votre ordre ...

c) ... disposition ... complémentaire que vous pourriez souhaiter.

5. "Vous êtes branché sur le répondeur téléphonique de la société SF PLUS. Nos bureaux sont ouverts du lundi au vendredi de 8 heures à 12 heures et de 14 heures à 18 heures. Veuillez nous laisser vos coordonnées et l'objet de votre appel après le "bip" sonore ; nous vous rappellerons dès que possible. Merci de votre appel."

6.

SF PLUS		
Fiche d'appel téléphonique		
Pour	De	Société
Nom	Nom	Téléphone
Service	Fonction	Fax
Date et heure		Reçu par
Message		
Suite à donner		

a) raison sociale / nom du document / date et heure de l'appel / récepteur (nom de la personne qui reçoit le message) / origine du message : nom et éventuellement coordonnées de la personne qui téléphone (société, fonction, numéro de téléphone et poste) / destinataire (nom de la personne à qui le message est destiné, éventuellement le service) / le message / suite à donner : comment traiter le message reçu.

Unité 6

1. a) Le bon de commande est sur un papier à en-tête de l'acheteur.
  Le bulletin est sur un papier à l'en-tête du fournisseur.

b) concernant la commande : la nature et les caractéristiques des articles, la quantité, le prix unitaire (préciser TTC ou HT). Des éléments concernant les conditions de vente (les délais de livraison, le mode d'expédition). Les modalités de règlement.

c) Plan de la confirmation :
– accusé réception de la commande et rappel de la commande (bref ou détaillé),

– affirmation que la commande sera effectuée avec soin,

– annonce de l'envoi de la facture ou rappel des conditions de paiement,

– formule de politesse.

d) Stock épuisé, ou limité (seule une livraison partielle est possible), manque de précisions dans la commande, délai de livraison demandé impossible à respecter, prix modifiés, arrêt de fabrication de l'article demandé.

e) Plan de la lettre de refus d'exécution d'une commande :

– accusé réception de la commande et bref rappel du contenu,

– exposé du refus (sur une partie ou sur la totalité de la commande) et des raisons du refus,

– proposition d'une solution (article de remplacement similaire par exemple),

– demande de confirmation (en cas de nouvel article proposé),

– demande de confirmation du maintien de la commande (en cas de délais plus longs)

– proposition d'annulation en cas d'impossibilité de livraison (en raison des délais ou des modifications de commande),

– promesse que la commande ou les prochaines commandes seront effectuées avec soin,

– formule de politesse.

2. Votre catalogue 19.. nous est bien parvenu et nous vous en remercions.

Nous vous prions de nous faire parvenir avant le 10 avril, dernier délai, les articles suivants :

– 10 ....réf.   au prix unitaire de   F

– 5 .... réf.   au prix unitaire de   F

Nous souhaitons recevoir ces articles à domicile en port dû.

Le règlement s'effectuera selon nos conditions habituelles à 30 jours fin de mois.

Nous attendons votre confirmation et vous prions d'agréer, Messieurs, l'expression de ...

3. Nous accusons réception de votre commande du 20 mars et vous en remercions.

Nous regrettons cependant vivement de ne pouvoir y répondre favorablement dans sa totalité. Devant le succès réservé à notre dernier catalogue et l'afflux de commandes qui en résulte nous ne pouvons nous engager à vous livrer avant le 30 avril les articles réf.

Les articles réf.   quant à eux étant disponibles ils vous seront expédiés aux conditions initialement prévues.

Nous vous prions de bien vouloir nous confirmer si vous maintenez la commande des articles manquants ou si vous l'annulez.

Soyez assuré que nous exécuterons votre ordre avec un maximum de soins.

Veuillez agréer, monsieur, l'expression de nos sentiments dévoués.

4. a) la raison sociale de l'entreprise ;

c) la destination du document ;

b) c'est l'heure de la demande

h) c'est l'heure où le document a réellement été faxé

Un émetteur est celui qui veut envoyer le message : on indiquera son nom, son service, sa fonction. La signature sert à authentifier ce message quand il restera en archive.

5. a) Prière de réserver une chambre d'hôtel simple au nom de M. Follet pour les nuits du 6 et du 7 juin. Attendons confirmation. Salutations.

b) Notre commande du 5 février vous sera livrée le 27 et non le 20 février comme elle l'avait été initialement prévue en raison d'une rupture de stock. Désolés pour ce contretemps qui nous l'espérons ne perturbera pas trop le planning de vos commandes. Bien sincèrement.

Unité 7

1. d ; b ; c ; a.

2. Ce sont des lettres de rappel ; la dernière est une mise en demeure.

3. Le service comptable d'abord puis le service contentieux ou une agence de recouvrement des impayés ; en dernier recours, cette agence entame une procédure de recouvrement.

4. Un prompt règlement / s'acquitter d'une dette / il s'agit sans doute d'une omission / prendre les mesures nécessaires au règlement de votre créance / nous transmettons votre dossier.

5. 1. la raison sociale de la banque 2. le montant en chiffres, 3. le montant en lettres, 4. le bénéficiaire, 5. le lieu, 6. la date, 7. la signature, 8. les coordonnées de l'agence qui détient le compte, 9. le nom, l'adresse et le numéro de compte du titulaire du compte ; 10. le talon (montant, (ancien solde, nouveau solde) date, objet)

6.

| solde précédent : 23 546,50 <br> montant : 5936,30 <br> nouveau solde : 17 610,20 | objet : société Vincent fournitures et dictionnaires date : 12 11 19.. | BPF : 5936,30 | BPF : 5936,30
 PAYER CONTRE CE CHÈQUE : cinq mille neuf cent trente six francs trente
 À la société VINCENT
 à Montpellier le 12 11 19..

 J. Follet |

Unité 8

1. La responsabilité incombe au fournisseur et au transporteur pour les raisons suivantes :

AU FOURNISSEUR

– rupture de stock
– grève
– usine qui n'a pas livré à temps
– afflux de commandes
– problème technique dans la chaîne
  de production ou de conditionnement

AU TRANSPORTEUR

– avarie
– retard
– perte (totale ou partielle)

Que font-ils ?
Le fournisseur écrit une lettre pour proposer un report de la date de livraison.
Le client demande des dommages.
Le magasinier émet des réserves.

Les conséquences d'un retard sont :
le commerçant ou l'artisan ratent des ventes donc ce retard de livraison représente pour eux une perte de bénéfices.

Quel est le droit du client ?
Hors cas de force majeure, le client peut mettre en demeure le fournisseur ou le transporteur de livrer la marchandise et peut réclamer des dommages.

2. a) subi, en raison de,
b) réparer / correspondant / figurant,
c) rendre / subi,
d) conformément,
e) convenu.

3. – Lettre du fournisseur au client.

Nous vous prions de notifier votre accord pour ce report de date de livraison...

Nous vous prions de nous confirmer si vous maintenez votre commande...

– Lettre du client au transporteur.

Nous espérons que vous assurerez à temps la livraison...

Nous espérons que pour éviter toute difficulté vous ferez le nécessaire pour effectuer la livraison dans les meilleurs délais...

<u>Exemple d'une lettre possible du fournisseur à monsieur Follet.</u>

Nous avons reçu votre lettre du 15 février et vous en remercions. Nous regrettons de n'avoir pas pu respecter le délai de livraison convenu lors de votre commande.

En effet, face à un afflux considérable de commandes notre service des expéditions n'a pu satisfaire tous nos clients dans les délais initialement prévus et nous vous prions de bien vouloir nous en excuser.

Nous serons toutefois en mesure de vous expédier le mobilier que vous avez choisi dès le 20 février.

Nous vous prions de nous confirmer si vous maintenez votre commande et vous renouvelons toutes nos excuses.

Espérant que vous nous garderez toute votre confiance, nous vous prions d'agréer, messieurs, l'expression de nos sentiments dévoués.

4. C'est un document qui donne une consigne ou une information sur le travail ou les conditions de travail.

5. À un ou plusieurs services ou à l'ensemble du personnel, ou à des succursales.

6. Interdiction de fumer dans les bureaux, changements d'horaires, nouveaux règlements, organisation pour les congés, améliorations sociales.

7. Le ton de la note de service doit être courtois mais impératif et impersonnel, le style est concis et clair, ordonné et précis.

8. La raison sociale, le nom du document, son numéro, l'objet, la date d'émission, le destinataire (le service ou le nom de la personne et sa fonction), l'émetteur (le service puis avec la signature son nom et sa fonction), le texte du message avec la date d'application du règlement.

9. a) Dorénavant, vous êtes priés de respecter la consigne interdisant de fumer dans les bureaux.

b) Seuls les véhicules munis d'une autorisation dûment signée par le Directeur du personnel seront autorisés à s'y garer.

c) Sur simple présentation au chef du personnel de votre titre de transport, vous pourrez bénéficier chaque mois d'une prime de transport.

d) En raison de l'adoption de nouveaux horaires à compter du 2 mars, vous êtes priés de consulter les nouveaux plannings sur les panneaux d'affichage.

Unité 9

1. 1. conditions générales de vente. 2. délai de livraison. 3. à ce jour. 4. urgent. 5. préjudiciable. 6. procéder. 7. brefs. 8. en possession. 9. annuler. 10. effectuée

2. parvenus ; remis ; effectuer ; émettre ; causer ; honorer de votre.

4 à 8. Exercices de synthèse : pas de correction.

Couverture : François HUERTAS
Illustrations : Jean-Paul GRUYER
Composition et mise en page : ENVERGURE
Édition : Gilles BRETON

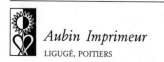

Aubin Imprimeur
LIGUGÉ, POITIERS

Achevé d'imprimer en novembre 1993
Nº d'édition 10019360-II-(13)-OSB 80
Nº d'impression L 44175
Dépôt légal novembre 1993 / Imprimé en France